小康大美

——我们的小康之路

《小康大美》编写组 编

中学版

南京大学出版社

图书在版编目(CIP)数据

小康大美：我们的小康之路：中学版 /《小康大美》编写组编. — 南京：南京大学出版社，2020.5

ISBN 978-7-305-23012-7

Ⅰ. ①小… Ⅱ. ①小… Ⅲ. ①小康建设－中国－青少年读物 Ⅳ. ①F124.7－49

中国版本图书馆 CIP 数据核字(2020)第 036927 号

出版发行 南京大学出版社
社　　址 南京市汉口路 22 号　　邮编 210093
出 版 人 金鑫荣

书　　名 **小康大美**——我们的小康之路(中学版)
编　　写 《小康大美》编写组
责任编辑 赵玉婷　金春红　　编辑热线 025-83686596
审　　读 戴金芳

照　　排 南京开卷文化传媒有限公司
印　　刷 徐州绪权印刷有限公司
开　　本 880×1230　1/32　印张 6.75　字数 180 千
版　　次 2020 年 5 月第 1 版　2020 年 5 月第 1 次印刷
ISBN 978-7-305-23012-7
定　　价 20.00 元

网　　址：http://www.njupco.com
官方微博：http://weibo.com/njupco
官方微信号：njupress
销售咨询热线：(025)83594756

前言 | Foreword

在中国共产党的坚强领导下，我国各族人民在前进道路上奋力奔跑，跨过许多沟沟坎坎，越过不少激流险滩，艰苦奋斗，不断创新，书写了举世瞩目的中国故事，涌现出光芒四射的中国英雄，展现了气吞山河的中国力量。

2020 年，是我国全面建成小康社会和“十三五”规划收官之年。

千百年来困扰中华民族的绝对贫困问题，即将历史性地画上句号，我们将实现第一个百年奋斗目标。中华民族的千年梦想，将在我们这一代人手中实现。

全面小康社会，意味着我们中国基本实现工业化，成为综合国力显著增强、国内市场总体规模位居世界前列的国家；成为人民富裕程度普遍提高、生活质量明显改善、生态环境良好的国家；成为人民享有更加充分民主权利、具有更高文明素质和精神追求的国家；成为各方面制度更加完善、社会更加充满活力而又安定团结的国家；成为对外更加开放、更具亲和力、为人类文明做出更大贡献的国家。

这是中华民族复兴征程上的重要里程碑，也是人类发展史上的伟大传奇。我们党、我们国家、我们人民，在奋斗中收获了更多自信和勇气，更加坚定、更加昂扬地走在中华民族伟大复兴的康庄大道上！

目录 | Contents

人物篇 一路英雄一路歌

社会篇　奋斗铺就小康路

从摆脱贫困，到总体小康，再到全面小康，从全面建设小康社会，到全面建成小康社会，再到全面建成社会主义现代化强国，中国共产党带领中国人民在站起来、富起来、强起来的征程上，迈出一个又一个坚实步伐，在国家富强、民族振兴、人民幸福的康庄大道上，书写一页又一页崭新篇章。

历史是人民创造的，中国的发展成就是中国人民用自己的双手创造的，是一代又一代中国人顽强拼搏、接力奋斗创造的。中国人民拥有伟大梦想，更拥有为实现伟大梦想而吃苦耐劳、实干苦干的奋斗精神。

走进新时代，奋斗是新时代的鲜明特征。全面建成小康社会，全面建设社会主义现代化强国，英雄的中国人民，始终在不懈地奋斗！

一、我们的经济高质量发展

今天的中国，正处在有史以来最大规模的经济建设时期。

全球排名前十的港口中，有7个位于中国；我们建成了世界上最长的高速公路和最大的高铁网络，架设了众多全球技术难度超高的桥梁；北京大兴国际机场、港珠澳大桥、南水北调……这些超级工程与时代紧密相连，代表着中国目前的科技和经济水平，实现了从无到有，从弱变强，从技术引进到中国制造，再到中国创造的历史跨越。

我们的工程师、科学家们，我们的工人、农民们，建造的不仅仅是自己的事业梦，更是我们伟大祖国的小康梦、强国梦。

中国故事

1. 展翅飞翔的“金凤凰”

——北京大兴国际机场

2016年，英国《卫报》举行“新世界七大奇迹”的评选活

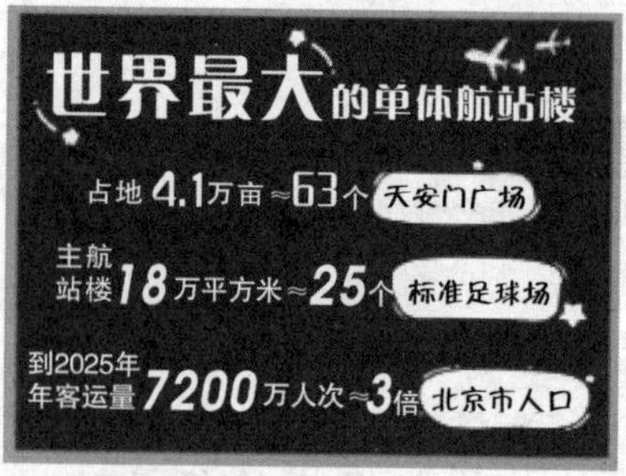

动，评选结果依次为：北京大兴国际机场、沙特王国塔、港珠澳大桥、乌克兰切尔诺贝利核反应堆、麦加 Abraj Kudai 酒店、伦敦 Crossrail 工程、巴黎 FFR 大体育场。

位列“新世界七大奇迹”之首的，正是当时尚未建成的北京大兴国际机场。

作为献礼中华人民共和国成立 70 周年的国家标志性工程，北京大兴国际机场成为举世震惊的世界奇迹。

从天安门广场，沿着城市中轴线往南 46 千米处，金色的北京大兴国际机场航站楼在艳阳下熠熠生辉，“凤凰展翅”造型分外壮观。

航站楼的屋面，由不规则自由曲面的空间网络钢结构组成，屋面投影面积达到 18 万平方米。这么大的面积，这么重的屋盖，主要由 8 根中心的 C 型柱支撑，几乎无柱的巨

北京大兴国际机场

大中厅，为乘客提供了最大化的公共空间。

机场五指廊的端头，分别有5座“空中花园”，主题包括丝园、茶园、田园、瓷园和中国园。它们以中国传统文化意象设计构造，可供旅客在候机或转机过程中休息放松。

航站楼的屋顶，覆盖着8 000多块特制玻璃，最大限度地利用了自然的光线。铝网夹芯的玻璃，既能保证太阳光的透过，又可达到遮阳的效果。

北京大兴国际机场总投资800亿元，预计年客流吞吐量1亿人次、飞机起降量80万架次。

飞机从北京大兴国际机场起飞

新中国成立70周年之际，在北京大兴国际机场投运仪式上，中共中央总书记、国家主席、中央军委主席习近平宣布机场正式投运并巡览航站楼，代表党中央向参与机场建设和运营的广大干部职工表示衷心的感谢，并致以诚挚的问候。

习近平强调，北京大兴国际机场能够在不到5年的时间里，完成预定的建设任务，顺利投入运营，充分展现了中国工程建筑的雄厚实力，充分展示了中国精神和中国力量，充分体现了中国共产党领导和我国社会主义制度能够集中力量办大事的政治优势。

2. 厉害的“钢铁螳螂”

——江苏徐工 XCA220 起重机

“现实版变形金刚”来了！它就是江苏徐工集团制造的被誉名为“钢铁螳螂”的 XCA220 起重机。这种可变形的起重机能够通过四只脚的变形，在山地上、河流里自由行走。

三层楼高的“钢铁螳螂”

它身形灵活，可以爬上 2.5 米、45°的高坡。更神奇的是，它还能通过遥控器进行操控！

徐工集团的 XCA220 起重机，是目前全球性能最高的五桥全地面起重机，拥有自主研发的 30 多项核心技术，打入全球多个发达国家市场，在作业性能、人机交互系统等方面达到国际最先进水平。

XCA220 起重机具备近乎完美的环境适应性，在高寒、高海拔、陡峭的山坡、沼泽地带作业仍可“如履平地”，在 −40℃ 极限温度作业依旧“从容不迫”，涉水、越障、爬坡，十八般武艺，可谓样样精通，可以在抗震救灾等应急救援行动中承担重任。

早在 2010 年问世时，这种特殊的挖掘机就轰动了上海宝马展，先后在央视《我爱发明》《挑战不可能》等舞台上大放异彩，深受观众喜爱。

它为什么被誉为“钢铁螳螂”？这说起来还有一个故事。2017 年 12 月，习近平总书记视察徐工，观看该产品动态展示时，亲切地说“我看到过”，并风趣地说它“像螳螂”。从此，“钢铁螳螂”的美誉火遍全中国乃至全世界。

徐工自主研发“钢铁螳螂”，有接近 20 年历史，是中国工程机械装备“智”造的典范。全世界只有 5 个国家具备该生产能力，而中国正是其中之一，也是亚太地区唯一具备此种工程机械生产能力的国家。

“钢铁螳螂”涉水作业

3. 世界上最长的跨海大桥

——港珠澳大桥

港珠澳大桥，全长 55 千米，被誉为“现代世界七大奇迹”之一，涉及的专利超过 1 000 项，填补了众多国内行业标准空白，也刷新了多个世界纪录，堪称人类桥梁建造史上的新样标。

港珠澳大桥横跨珠江口伶仃洋，东接香港，西接珠海和澳门，是世界总体跨度最长、钢结构桥体最长、海底沉管隧道最长的跨海大桥，是公路建设史上技术最复杂、施工难度

港珠澳大桥

最高、工程规模最庞大的桥梁，也是粤港澳大湾区内首个通过跨政府合作建成的基建项目。

其中，29.6千米的海中桥岛隧主体工程包含了一段长6.7千米、世界最长深埋沉管隧道和两个桥隧连接人工岛，由粤港澳三地政府共同投资建设。剩余部分还包括由香港、珠海和澳门三地政府各自负责建设的连接路段及口岸工程。

从西人工岛开始，港珠澳大桥进入海底隧道段。如果拉开一段距离看，就好像车辆在行驶过程中从海平面上逐渐消失了。

从技术难度和施工难度上来说，整个大桥的核心部位是岛隧，岛隧的核心是隧道，隧道的核心是最终接头。

由中国交通建设股份有限公司联合体承建的岛隧工程，是大桥工程的施工控制性工程，由沉管隧道、东人工岛、西人工岛三大部分组成。沉管隧道长达6 700米，海底沉管段长达5 664米，由33节管节和1个“最终接头”组成，标准管节长180米，重约8万吨，最大作业水深46米。

为何要使用岛隧设计？伶仃洋海域靠近香港方向有一条伶仃洋航道，是大型运输船只在这片海域通行的唯一通道，每天有4 000多艘船只穿行。为了满足未来30万吨的巨轮通行,必须修建桥面高度超过 80 米、桥塔高度达到 200 米的超级大桥,但周围的香港机场并不允许有超过 88 米的建筑物矗立在其飞行航线上,且驾车行驶在 80 米高的桥面上显然也不是舒适的体验。

此外,伶仃洋是一个典型的弱洋流海域,每年从珠江口夹杂着大量的泥沙涌入海洋。大桥桥墩就像一个阻挡泥沙的篱笆,超过 10%的阻水率,泥沙就可能被阻挡沉积,从而阻塞航道,使伶仃洋变成一片冲积平原。

疯狂的想法被工程师们提出来了:放弃在海面上修建桥梁,改在海面以下修建一座超长的隧道,并修建人工岛,将桥梁与隧道连接。

6 000 吨沉管隧道最终接头,落差只有 15 毫米

和其他跨海大桥不同的是,港珠澳大桥是像"搭积木"一样"搭建"出来的。大桥建设者先在中山、东莞等地的工厂里把桥墩、桥面、钢箱梁、钢管桩统统做好,再等到伶仃洋风平浪静时,一块块、一层层、一段段地组装起来——这就是港珠澳大桥首次实现的“工厂化、标准化、装配化”建设过程。

其制造技术达到了世界先进水平，进而推动了整个行业的技术进步。

4. 魅力四射的明星企业

★ 华为，让我们自豪与骄傲

1987 年，43 岁的任正非创办华为，迄今已有 30 多年。华为创造了全球企业都未曾企及的骄人历史，拥有独特的企业文化，成为中国民营企业的标杆。

华为生产的折叠屏手机

华为是世界 500 强中唯一没有上市的企业。华为有 15 万名员工，其中 7 万名员工当“老板”，公司把98.6%的股权开放给员工，创办人任正非只拥有公司1.4%的股权。除了不能表决，不能出售拥有的股票之外，员工股东们可以享受分红与股票增值的利润。公司每年赚取的净利润，扣除留下再发展的部分，几乎百分之百地分配给股东。

早在 2010 年，华为净利达到人民币 238 亿，配出了一股人民币 2.98 元的股息。以一名在华为工作 10 年、绩效优良的资深主管为例,其配股可达 40 万股,在该年光是股利就可获得人民币近 120 万。

除此之外,华为的企业文化特质也让人敬佩:“以客户为中心”服务到家;“脑袋对着客户”;以及“客户才是我们的衣食父母”……

华为展示 5G 技术

2018 年,华为实现全球销售收入 7 212 亿元人民币,研发费用高达 1 015 亿元人民币,投入占比销售收入 14.1%。

面向未来,华为一方面努力通过压强式投入引领 5G 创新和规模商用,严格遵从标准,将网络安全与隐私保护置于最优先地位,打造安全可信的高质量产品;另一方面,努力排除外部干扰,不断改进内部管理,沿着既定战略方向前进。

★ 扬子石化:贡献国家,服务民生

石化工业,对于解决中国人民穿衣吃饭的基本需求、推动我国经济社会快速发展,发挥着巨大的作用。

在江苏南京,有一座大型国有企业——扬子石化。它

“加油时，别忘了扬子石化”

以 300 万吨/年的炼油能力起步，历经两轮改造，如今炼油规模增加到1 250 万吨/年，具备 700 万吨/年成品油供应能力，形成了 92＃、95＃、98＃及乙醇油的系列牌号汽油的生产能力；并利用最新技术，持续提升油品清洁等级，成为国内重要的清洁能源供应基地。

除了炼油，扬子石化还生产涤纶原料。据统计，截至 2018 年底，扬子石化累计生产涤纶原料 2 096 万吨，可织出 2 563 亿米布，为国家在根本上解决粮、棉争地矛盾，并曾经为全国取消粮票和布票定量供应体制，做出了重要贡献。

塑料是目前人类应用最为广泛的合成材料，以易加工、耐腐蚀、无污染等良好性能，在一定程度上替代了钢铁和木材，给人们日常生活带来了说不尽的便利，并不断助力改善人们的生活。

扬子石化依托人才和装置优势，向市场推出与民生息息相关的塑料新品，并按用户要求设计个性化产品。近 10 年来，扬子石化成功开发了 51 种新产品，很多产品填补了国内空

扬子石化

白,其中 35 种产品持续生产,受到用户欢迎。

扬子石化不满足于已取得的成绩,又启动了轻烃制乙烯、绿色蒸汽等项目。未来的扬子石化,将为国家做出更大贡献,为经济和社会发展提供更多新材料,为人民生活提供更高品质的新产品。

★ 上海通用金桥工厂

上汽通用金桥工厂车间内,实现了 100%焊接自动化,这里号称是中国最先进的制造业工厂、中国“智”造的典范。偌大的车间内,真正领工资的员工只有 10 多位。他们管理着 386 台机器人,每天与机器人合作生产 80 台凯迪拉克轿车。即使从全球范围来看,达到这个水平的工厂也不超过 5 家。

机器人在工作

★ 京东“亚洲一号”无人仓

为了提升日订单处理能力,京东多个无人仓已经投入使用。无人仓储是物流发展过程的一个重要环节。无人仓储的应用,保证了货物仓储管理各个环节操作的速度和准确性,可以大幅度简化繁重、简单的人工环节,减轻人的劳动负荷,其效率是传统仓库的10倍。无人仓储的不断发展,正在开启全球智慧物流的未来。京东的无人仓储分布在北京、上海、武汉、深圳、广州等地,而上海"亚洲一号",已经成为京东物流在华东区业务发展的中流砥柱。无论是订单处理能力,还是自动化设备的综合匹配能力,"亚洲一号"无人仓都处于行业领先水平。

"亚洲一号"无人仓

★"美的"自动化空调生产线

自2012年以来,美的累计投入使用800多台机器人,自动化生产线改造费用超过6亿元,实现自动化生产战略转型。其中美的中央空调拥有核心零部件和全自动组装生产线,生产效率提升70%,生产线人数下降50%,人机比达到4%以上,产品合格率达到99.9%,达到空调行业的领先水平,媲美宝马、奔驰自动化生产线,引领工业 4.0 时代("第四次工业革命"简称)。

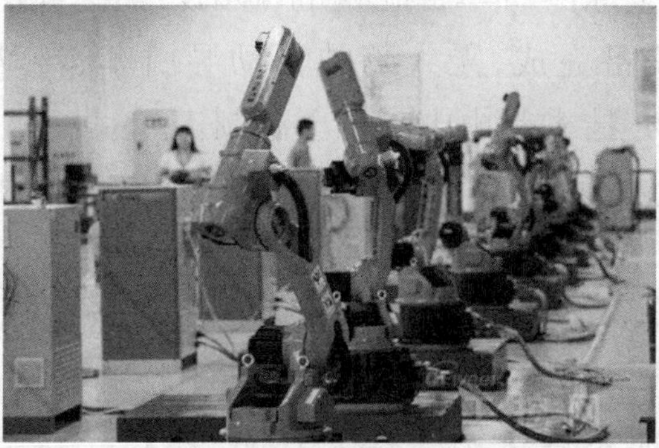

美的自动化空调生产线

★ 世界第一个 5G 智慧全自动码头

上海洋山深水港四期,是全球领先、亚洲首个全自动化码头,世界上第一个 5G 智慧全自动码头,也是世界上卸货速度最快的码头。在这里,单台起重机平均每小时可处理 39.74 个集装箱,全码头能在 9 小时内处理约 1 800 个集装箱!

上海无人码头

它被外媒称作“魔鬼码头”,是目前全球最大的全自动化集装箱码头,年集装箱吞吐量是美国九大港口的吞吐总量,占目前全球港口年吞吐量的10%。集装箱装卸转运全部由智能设备完成,无人驾驶自动导引车、自动堆箱轨塔吊,这些核心技术都由中国自主研制。

★ 老干妈自动化生产车间

深受世界人民喜爱的“老干妈”,不仅味道好,连自动化水平也没有落后。老干妈生产线除了检修时间以外,全年每天24小时不停运转已经达10年之久,一天就能生产出300万个辣椒罐。工业食物的制造,口感的稳定非常重要,老干妈的生产,一直采用有机菜油、好辣椒,油温和炒制时间也要稳定,这些因素严格按照商业机密的配方,通过自动化生产线,保证了老干妈口感的稳定。

老干妈自动化生产线

★ 江苏海门京海集团

江苏海门京海集团,是以肉种鸡生产为主导产业的科技型企业，作为国家农业产业化重点龙头企业，被誉名为“智慧农业”先行者。

历经20多年系统研究，京海集团创建了京海黄鸡重要经济性状精细化育种技术体系，育成京海黄鸡国家级新品种1个，其高效生产、健康养殖、疫病综合防控等集成技术，已在全国11个省市推广。“服务带动型”技术推广模式，成为农业部在全国推广的典范。据统计，到目前为止，京海集团已在全国推广京海黄鸡种苗2.69亿只，总经济效益达75.12亿元。

在2019年国家科学技术奖励大会上，江苏海门市京海禽业集团有限公司与扬州大学、江苏省畜牧总站合作申报的“优质肉鸡新品种京海黄鸡培育及其产业化”项目，荣获国家科学技术进步二等奖。

★ 江苏田娘农业科技有限公司

江苏田娘农业科技有限公司是一家专业处理畜禽粪便、秸秆等农业固体有机废弃物，生产有机(类)肥料，发展优质农产品生产的特色环保型农业科技企业。

田娘大米饭

本公司以古里镇坞丘万亩优质粮基地为基础，目前租种面积达4 800亩，涉地面积达6 800亩，其中1 300亩已通过无公害稻米基地认证、500亩已通过有机大米基地认证，具备年产系列优质大米2 000多吨的能力。

在技术方面，公司坚持自主创新，率先把网载新技术运用到水稻生产领域，并获得了成功。“配发大米”技术已申请四项中国发明专利，开创了大米产品系列化先河，改变了目前大米产品单一的局面。

“把臭的变成香的，粪肥化作稻麦香”，说出了“田娘”事业的精髓。十多年来，农业科技有限公司一头吞进畜禽粪便、秸秆等废弃物，产出有机肥，一头用有机肥育秧、肥田，吐出优质的绿色“田娘”大米，中间组建一系列合作社，用全产业链与农户建立紧密的利益联结，走出了一条“龙头企业＋基地＋系列合作社＋家庭农场”的新型经营模式，实现了资源循环利用和农业的可持续发展。

这种新型经营模式，这条农业可持续发展道路，得到党中央的充分肯定，并在全国大力推行。

5. 精准扶贫　甩掉贫穷

★“老区”变“新区”

过去，薛庄村的穷，在整个江苏泰州市黄桥老区都是出了名的。村里没有一家企业，没有一处闲置资产和房产，是集体收入为零的“空壳村”。近年来，依靠工作队和市国土局等部门的精准扶贫，薛庄村甩掉了贫穷的帽子。

精准扶贫，首先需要“输血”。所谓“输血”，就是针对致贫原因，分类施策。泰兴实施“一镇一策”“一村一策”“一户一策”，推动“老区”变“新区”。

政府部门开展挂钩帮扶。2016 年以来，96 个挂扶部门投入帮扶资金1 164.47 万元，为经济薄弱村实施增收项目 76 个，投入基础设施建设项目 58 个；帮扶企业投入资金 746 万元。

漫画：不丢下一个贫困人口

泰兴市新街镇野肖村组建招商小组，筹划建设标准厂房，启动电子商务、物流、设施大棚、畜禽养殖等项目……过去该村因为交通闭塞，长期陷入发展困局，新一轮脱贫攻坚战打响前，野肖村集体收入还不足 2 万元。如今，不但村集体收入增长，出入野肖村的道路也变得越来越好。

脱贫不能“等、靠、要”，需要增强自我“造血”功能。泰兴姚王镇以“远大家俱”为龙头，在 18 个村（居）设立创业富民基地，吸纳 190 个低收入农户，开展户外远大编藤加工，人均年收入大幅增加。他们的致富经验，作为全省基层富民工作典型案例，曾经在江苏省委全会上作介绍。

★ 不让贫困扎根

连云港市赣榆区西棘荡村，一个曾经的贫穷村，如今发展为富裕、和谐的经济强村和省级文明村。

棘荡村坚持脱贫之后不返贫，不仅依靠政策脱贫，还摸索出一整套长效帮扶机制和脱贫措施。针对贫困户，棘荡村分门别类进行针对性帮扶，提供就业岗位和创业机会，有创业能力的，给予资金上的担保和帮扶，鼓励他们搞养殖、开店；缺乏劳动技能的，提供公益性岗位；针对最为困难的群体，则发动村里的大户实行“一对一”帮扶。

解决村里的贫困户，村集体发挥了重大作用。村里一位陈姓村民因病去世后，家庭一贫如洗，妻子带着两个孩子艰难度日，房屋破旧不堪。村集体掏钱为他们盖起了房子，每月还定期颁发补助金。

村党支部引领全体村民大力发展经济，增加收入，斩断穷根；在扶贫路上，不落下一个贫困家庭，不丢下一个贫困群众。

经党中央批准、国务院批复，自2018年起，将每年秋分日设立为“中国农民丰收节”。设立“中国农民丰收节”，将极大调动亿万农民的积极性、主动性、创造性，提升亿万农民的荣誉感、幸福感、获得感；展示农村改革发展的巨大成就。这是第一个在国家层面专门为农民设立的节日，是一件具有历史意义的大事，一件蕴涵人民情怀的好事。

走向明天

英雄的中国人民乘势而上，向着第二个百年奋斗目标奋力前进：

第一个阶段，从二〇二〇年到二〇三五年，在全面建成小康社会的基础上，再奋斗十五年，基本实现社会主义现代化。

第二个阶段，从二〇三五年到 21 世纪中叶，在基本实现现代化的基础上，再奋斗十五年，把我国建成富强、民主、文明、和谐、美丽的社会主义现代化强国。

在中国共产党的坚强领导下，我国各族人民一定继续奋斗，坚忍不拔，努力谱写社会主义新时代的壮丽篇章！

二、我们的人民当家作主

今天，我国各族人民当家作主，同心同德、艰苦奋斗，取得了令世界刮目相看的伟大成就。

今天，社会主义中国巍然屹立在世界东方，没有任何力量能够撼动我们伟大祖国的地位，没有任何力量能够阻挡中国人民和中华民族前进的步伐！

中国故事

1. 国庆70周年大阅兵

壮丽70年，奋斗新时代。2019年是新中国成立70周年。

国庆这天，北京天安门广场举行隆重的阅兵仪式。中国人民解放军三军将士整齐划一，昂首阔步，雄姿英发；众多先进武器装备第一次向世界展示，接受祖国和人民的检阅。战鹰先进，武器超前，气势磅礴，场面空前壮观。

这次阅兵，呈现出国富民强、大国担当的壮美景象。此时此刻，华夏儿女热血沸腾，倍感自豪。

清晨，新中国阅兵史上最大规模军乐团——由 1 300 余名官兵组成的中国人民解放军联合军乐团亮相活动现场。

9 时 58 分，庆祝中华人民共和国成立 70 周年大会即将举行，党和国家领导人来到天安门城楼主席台。

10 时，中共中央政治局常委、国务院总理李克强宣布庆祝中华人民共和国成立 70 周年大会开始。

10 时 02 分，庆祝大会举行升国旗仪式。70 响礼炮响彻云霄，国旗护卫队官兵护卫五星红旗，从人民英雄纪念碑行进至广场北侧升旗区。中国人民解放军联合军乐团奏响《义勇军进行曲》，全场高唱中华人民共和国国歌，五星红旗冉冉升起。

10 时 09 分，中共中央总书记、国家主席、中央军委主席习近平发表重要讲话。

10 时 20 分，习近平乘坐检阅车，经过金水桥，驶上长安街。阅兵总指挥报告受阅部队列队完毕，习近平下达检阅开始的命令。习近平驱车来到三面旗帜前停车肃立，向旗帜行注目礼。随后，习近平乘车沿着宽阔的长安街检阅部队。

10 时 44 分，空中护旗梯队拉开阅兵分列式的序幕，中国共产党党旗、中华人民共和国国旗、中国人民解放军军旗飘扬在天安门广场上空；20 架直升机组成巨大的“70”字样。

国庆 70 周年阅兵

受阅部队由 15 个徒步方队、32 个装备方队、12 个空中梯队组成，他们依次通过天安门广场，接受祖国和人民的检阅。

威武雄壮的阅兵方阵后面，是激情飞扬的群众游行队伍，天安门广场成了欢乐的海洋。爱国主义情感让我们热泪盈眶，爱国主义精神构筑起民族的脊梁。这一切，汇聚成礼赞新中国、奋斗新时代的前进洪流，给我们增添了无穷力量。

2. 带领群众脱贫致富的好县长

高德荣，云南贡山人，独龙族。曾任云南独龙江乡长，云南贡山县长、县人大常委会主任等职。高德荣一心为公为民，踏实做人做事，为改善独龙族同胞的生活奉献一切。虽已退休，仍奋斗在为独龙江、独龙族服务的第一线，至今仍被人们亲切地称为"老县长"。

独龙江乡有 4 000 多名独龙族群众,这里偏远闭塞,贫穷落后,通往县城 90 多千米的简易公路,也是 1999 年才修通,现在仍有半年因大雪封山而中断。高德荣幼年家贫,是党和政府及乡亲养育他长大,与独龙族乡亲血肉相连的感情与生俱来。独龙江的落后和贫困让他放心不下,为了给家乡作贡献,他甚至放弃了到省里工作的机会。

为了让独龙族人早日脱贫,他手把手指导、帮助群众发展特色产业致富。

高德荣

"第一次见老县长,感觉样子就跟村里老大爹一样。"村民王丽萍这样评价。在这位"老大爹"的多年帮扶下,王丽萍家种苞谷、苦荞,养猪羊,两个孩子也上了学,生活各方面都有了大幅度的提升。高德荣的车里常备着些大米、油等,下乡时遇到贫困群众,他总是给予帮助。

老县长的"办公室"在田间地头、施工现场、火塘边。当地许多村民养蜂,养蜂虽然收入高,但蜜蜂进洞筑巢比例低、产量不高等问题,经常困扰着大家。高德荣就带头养蜂,总结经验,再把自己的养蜂经验传授给养殖户。

独龙江的草果种植也是老县长带头的。2007 年,高德荣邀请专家开始探索种植草果，并带头种植。示范的草果有收获了，价格不错，群众就跟着种。在巴坡村，老县长还自己拿出种苗，把村干部喊来，手把手教他们种植。如今，在高德荣的带领下，巴坡村蜜蜂养殖已有2 000箱，种植草果2 500多亩。全乡草果亩产超500公斤的已有20户，全乡草果收成达到80吨。

多年来，高德荣竭尽所能，把国家对少数民族群众的扶持政策落实到位，督促实施好帮扶工程，让群众得实惠。很多人对他又敬又畏。“畏”的是他讲原则，如果事情做得不对、工作干得不好，他会绝不留情地严厉批评；“敬”的是他身正风清，敬业奉献，不谋私利。

如今，年已六旬的高德荣仍奋战在帮扶工作一线。他说：“看到群众生活一天比一天好，是我最大的快乐。”

3. “强富美高”在江苏

习近平在江苏视察时，提出“努力建设经济强、百姓富、环境美、社会文明程度高的新江苏”。从此，“强富美高”成为江苏发展的新蓝图、新坐标，鼓舞人心，催人奋进。

★“强”，增强经济创新力

为了更快地发展经济，江苏大力提倡创新，让创新真正成为引领发展的第一动力。近年来，江苏研发投入均超过2 000亿元。

在南京举行的“中国江苏·大院大所合作对接会”上，

一支支由诺贝尔奖得主、院士专家率领的院所团队齐聚江苏，现场签约重大项目，为近千家企业解决技术难题。

超级计算机“神威·太湖之光”

在无锡超算中心，我国第一台全部采用国产处理器构建的超级计算机“神威·太湖之光”，连续3次问鼎世界超算榜首；在苏州信达生物制药公司，生物药专利卖到了国外制药巨头，实现了我国高端生物药出口“零突破”；在常州天合光能公司，光伏系统解决方案实现了产业链垂直一体化整合，先后13次打破世界纪录……

目前江苏正着力打造具有全球影响力的产业科技创新中心、具有国际竞争力的先进制造业基地。

★“富与美”，惠及百姓生活好

江苏积极打好富民组合拳，让发展成果更多更好地普惠于民。

淮安市淮阴区刘老庄村，这个贫困村已经大变样：全村588户，家家住楼房，青壮年在家门口上班，不用外出打工。村支书介绍：“幼儿园、健身广场……城里有的咱们都有。

物管费、合作医疗和养老保险费村里全包，咱们有的，城里却不一定有。”通过农村企业化、家园旅游化，刘老庄拔掉了穷根。在江苏，更多像这样的乡村走上了致富路。

徐州市邳州一年一度的板材行业工资集体协商会议如期举行。一位入行19年的老工人说：“工资集体协商制度，让咱们工人有了说话的机会。”如今，这样的工资集体协商在江苏已成常态，职工的“钱袋子”一天天鼓了起来。

政策富民，既要增收，又要减负。位于南京下马坊的副产品平价直销店，每天都用液晶屏显示当天商品价格，旁边还有省物价部门设置的优惠标准做参考。

南京平价商店自2011年开办以来，一共销售了平价商品4亿多公斤，为市民节约开支4.2亿余元。同时，平价商店还实行低价惠民政策，有效阻止了周边农贸市场蔬菜价格的上涨，较好地发挥了平价商店在价格调控方面的作用。

江苏在治理太湖方面也收到了很大成效。蓝藻曾经肆虐整个太湖流域，如今它却成了“香饽饽”。通过全自动化收集和太阳能干化，蓝藻变成了制造活性炭的原料，在净水的同时创造出经济效益。技术更新了，制度也在升级。江苏在治理太湖时首创“河长制”，建立了河道全

太湖美，美在太湖水

面长效管护。

徐州市贾汪区潘安湖景区，80 多岁的老矿工无限感慨："过去'一城煤灰半城土'，变成了'一城青山半城湖'，不简单哩。"如今，一处处采煤塌陷地被改造成风景宜人的风景区，贾汪区接待旅游人数和旅游收入不断增长。

★"高"，攀升文明新高度

在江苏，社会文明，百姓幸福。

走进南京市中山北路的新华书店，一套 14 卷的《社会主义核心价值观研究丛书》被摆在最显眼的位置，不少市民驻足翻阅。这部丛书由江苏 160 多位学者精心凝铸而成，通过对社会主义核心价值观 24 个字、12 个词的逐一解读，核心价值观的"源头活水"，流进了群众的"田间地头"。

文明正成为城市的新名片。江苏现有 9 座全国文明城市、14 户全国文明家庭，全省社会文明程度测评多项指标居全国第一，先后涌现出"时代楷模"赵亚夫、王继才王仕花夫妇这样的榜样人物，以及南京火车站"158"雷锋服务站等志愿群体。

在泰州，"一门三院士"的事迹广为传颂。"三位院士"指的是李德仁、李德毅、李德群三兄弟。满门英才的秘诀就在李氏家训

"158"雷锋服务站为民服务

中,因为有优秀家训的熏陶,三兄弟一步步迈向科学的殿堂。

为深入挖掘优秀传统家训的时代价值,江苏开展一系列活动,传播好家训、引领新风尚,发挥优秀传统文化的功能。

江苏人民牢记总书记嘱托,正继续砥砺奋进,努力以全面小康的过硬成果,一步一个脚印,把"强富美高"新江苏的美好蓝图变成现实。

4. 为民服务"一站式"

江苏省金湖县,实现行政审批"一站式办结",使得群众"办多件事跑一次腿或零跑腿",被授予2019全国政务大厅"服务优化奖"。全省唯一。

金湖县市民中心于2019年2月挂牌成立,负责全县范围的审批权限,按照"城市服务综合体"的理念,金湖县将政府服务资源搬进"一栋楼"。全县52个职能部门、30家中介服务机构、722个服务事项全部集中在一起,是省内目前规模最

"一站式"为民服务

大、功能最全、进驻部门和事项最多的县级政务便民设施，真正实现了“进一个门、上一张网、拨一个号、办百家事”的目标。

市民们说：现在这个新的市民中心，办事的业务效能特别高，而且节省了很多的时间，这是党和政府为我们老百姓办的实事啊。

市民们还说：原来办事要到处跑，要跑到人社局，要跑到地税局，还要跑到银行，要跑好几家，现在在一起，方便多了。

5. 人民当家作主的山泉村

在名村遍地的江苏省江阴市，有一个名不见经传的山泉村。这里多年来村级管理混乱，民心涣散，负债累累。

村民们想到了李全兴，希望他能出任村干部，带领大家改变生活。1965 年出生的李全兴在商海中打拼，成为世界知名汽车品牌的全球供应商，是远近闻名的亿万富翁。

面对乡亲们的期望，李全兴暂搁企业上市计划，回到村里当起了村干部。

李全兴上任后，向村民做出了郑重承诺：“从此山泉村委没有干部，只有仆人。5 年建设新山泉。”很快，村民们发现村级班子的作风变了，村民选出 97 名代表参与到决策中，不公正的事情没了，想知道的事情都能知道了，由此，失散的民心又都回来了。

李全兴说，凡是村民关心的就必须进行公开；凡是村民想知道的就必须让群众知道。为此，村两委开展了一系列行之有效的工作：实行村务公开制，对于村里重大事务，编成小册子发放到村民手中；张贴村务公开栏；输入电子信息查阅屏等，全方位、多途径、全过程公开村务，让村民真正了解和参与村里的各项事务。

实行村务公开

村里还成立了100人的村民代表团，实行村民议事制，让村民享有决策权。

“民心齐，泰山移。”在李全兴的带领下，一系列工作开展得有声有色。“公开、透明、阳光”来到了山泉村，山泉人实实在在地享受到了自己当家作主的甜头，在享有尊严与权利的同时，内心的能动性和创造力蓬勃涌现，迸发出超乎想象的热情与干劲。

2018年，全村集体净资产从2008年的0.47亿元，增长到4.99亿元；村级收入从2008年的1 750万元，增长到6 410万元；人均纯收入达到6.18万元，跃居全镇之首。

如今的山泉村，村民全部住上了新房，村里卫生服务站、老年活动中心、活动广场等设施一应俱全。村中小河清澈，白墙灰瓦，村民生活安康幸福。用村民们的话说，他们过上了以前做梦都想不到的好日子。

“村干部是仆人，村民才是真正的主人。”这是李全兴的名言。

走向明天

我们国家的名称，以及各级国家机关的名称，都冠以“人民”的称号，这是我们对中国社会主义政权的基本定位。

人民，是共产党人的理想之根、信念之源。一切为了人民，是中国共产党的立党“初心”。

三、我们的科技大步向前

一粒种子可以改变一个世界，一项技术能够创造一个奇迹。科学技术是人类伟大的创造性活动，是国之利器——国家赖之以强，企业赖之以赢，人民生活赖之以好。

我们中国，在全球科技创新的大赛场上，不容落伍，正大步向前，迎头赶上、奋起直追、力争超越。

中国故事

1. 辉煌成就　令人鼓舞

我国的工程师、科学家们近年来完成的十大科技成就令人鼓舞，举世惊叹。

★“嫦娥四号”首次登陆月背

“嫦娥四号”探测器成功着陆月球背面预选着陆区，并通过“鹊桥”中继星传回了世界第一张近距离拍摄的月背影像图，揭开了古老月背的神秘面纱。

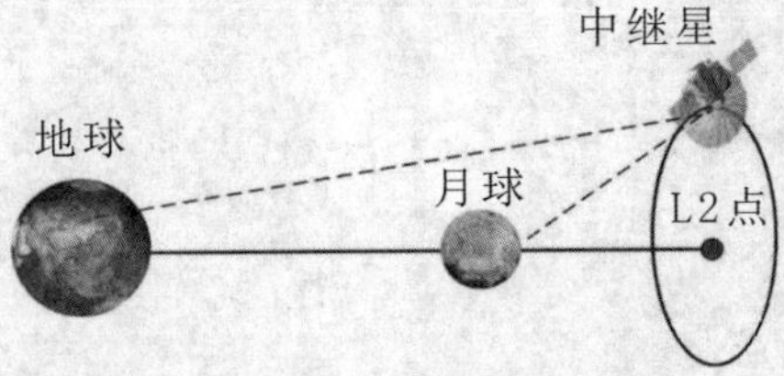

“鹊桥”中继星工作原理

★ 时速 600 千米高速磁浮样车下线

我国时速 600 千米的高速磁浮试验样车在青岛下线，这标志着我国在高速磁浮技术领域实现了重大突破。

时速 600 千米高速磁浮样车

★ 5G 商用牌照正式发放

2019 年 6 月 6 日，工信部正式向中国电信、中国移动、中国联通和中国广电发放 5G 商用牌照，这意味着中国正式进入 5G 商用元年。

宣传画:5G 来了

★ 华为发布操作系统:鸿蒙

鸿蒙系统(HarmonyOS)可按需扩展,实现更广泛的系统安全,主要用于物联网,特点是低时延,甚至可到毫秒级乃至亚毫秒级。

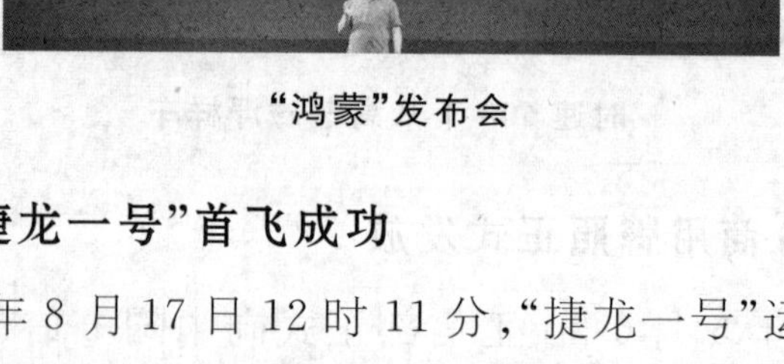

"鸿蒙"发布会

★ "捷龙一号"首飞成功

2019 年 8 月 17 日 12 时 11 分,"捷龙一号"运载火箭在酒泉卫星发射中心点火升空,成功将 3 颗卫星送入预定轨道,发射取得圆满成功,标志着中国"龙"系列商业运载火箭登上历史舞台。

“捷龙一号”点火升空

★ 北京大兴国际机场正式投运

大兴国际机场占地面积达 140 万平方米，有着世界上规模最大的单体航站楼、世界施工难度最高的航站楼、世界最大隔震支座的航站楼、世界最大无结构缝一体化的航站楼。

航站楼夜景

★ 平潭海峡公铁两用大桥贯通

全桥共计 228 个桥墩，钢结构用量 124 万吨，混凝土用量 294 万方，其用钢量和混凝土总方量是迄今为止国内外桥梁之最，大桥贯通也意味着未来“京台高铁”的关键节点建成。

平潭海峡公铁两用大桥

★ ±1 100 千伏特高压直流工程通电

“新疆准东—安徽皖南”特高压直流工程全长 3 324 千米，共有铁塔 6 079 基，是目前世界上电压等级最高、输送容量最大、输送距离最远、技术水平最先进的特高压直流输电工程。

“新疆准东—安徽皖南”特高压直流工程

★ 东风-41 核导弹首次公开亮相

东风-41 是我国现役导弹中射程最远的型号，它的性能与发达国家第六代洲际弹道导弹基本相当,部分技术甚至已超过它们。

东风-41 核导弹

★ 发现迄今最大黑洞

国际科学期刊《自然》发布了中国科学院国家天文台刘继峰、张昊彤研究团队参与的这一重大发现。这颗 70 倍太阳质量的黑洞,远超理论预言的质量上限,颠覆了人们对恒星级黑洞形成的认知。

迄今最大黑洞

2.“嫦娥”来到月球背面

2019年1月3日10时26分，中国“嫦娥四号”探测器成功着陆在月球背面，实现了人类探测器首次月背软着陆、首次月背与地球的中继通信。

“嫦娥四号”着陆器着陆后，与巡视器顺利分离，“玉兔二号”巡视器驶抵月球背面。

世界第一张近距离拍摄的月背影像图

目前，人类已进行过130多次探月活动，包括用探测器撞击月球背面，但从来没有一个探测器在月球背面进行过软着陆。

接收遥远天体发出的射电辐射，是研究天体的重要手段。月球背面，可以屏蔽来自地球的各种无线电信号的干扰，在那里，能监测到地面和地球附近太空中无法分辨的电磁信号，这对研究恒星起源和星云演化意义重大，很可能取得重大成果。

通过已发射的大量绕月探测器了解到，月球背面具有不同于月球正面的地质构造，多“山”多“谷”，对研究月球及地球早期历史都具有重要价值。

“嫦娥四号”在月球背面成功着陆之后，美国宇航局第一时间发来贺电。除了向中国表示祝贺外，还用 9 个字评价了这项伟大创举，称“嫦娥四号”成功登陆月球背面，是人类历史上的首次，更是一项“令人印象深刻的成就”！

“玉兔二号”巡视月球背面

3. 走进互联网时代

移动支付、网络交易、电子政务系统、大数据产业……如今，我们已经进入了互联网时代。

漫画：依靠互联网创业

中国有 8 亿多互联网用户，互联网也已深入到各地区、各行业，涉及大家的衣食住行。如今，许多人只需带一部手机，动动手指，就可以满足生活中各式各样的需求，充分展现出互联网的速度与便利。

通过互联网，可以在家选择线上服务。比如可以选择网上预约美甲师上门做美甲，网上预约厨师到家烧制一顿美餐。诸如此类的服务还有很多。如买飞机票、高铁票，预约医院就诊时间、博物馆参观、风景区购票……中国已建成全球最大的4G网络，拥有全球最大的用户规模。

阿里巴巴的电商和支付宝，在短短十多年间，迅速催生出引领世界的新零售、云计算和移动支付。盒马鲜生等模式，正在成为新零售的范本。

作为全球最大的互联网公司之一的腾讯，正在社交和支付上，改变着人们的生活。从1999年的QQ，到2011年的微信，再到2013年的微信支付，每一步都是对我们原有生活方式的颠覆，而这种颠覆，已经走向世界。

随着中国公司的进入，越来越多的非洲人也使用上了互联网，非洲人也越来越感受到互联网所带来的便利。

4. 基建技术　世界瞩目

中国基建技术享誉世界，比如三峡大坝、珠港澳大桥、西电东送等工程……“睡一觉，新火车站诞生了”“看一场电影，一座桥没了”，这些近乎传奇的速度与技术，令一些外国媒体直呼中国为“基建狂魔”！

★ 中国桥

世界最高的桥在中国！两端分别位于贵州和云南的北盘江大桥，其桥面到谷底的距离为 564 米，相当于 200 层楼高，是世界上桥面最高的桥梁。

北盘江大桥

这个高度，比国外最高桥梁巴布亚新几内亚海吉焦峡谷大桥高出近 100 米，而海吉焦峡谷大桥只是一座运输石油的管道桥，北盘江大桥可是货真价实的高速公路上的现代化大桥，桥面有载货大卡车不停驶过。大桥索塔位于悬崖峭壁之上，建设的技术难度可想而知。如今，云、贵两地的高山峻岭通过北盘江大桥连接在了一起。

世界最复杂的立交桥在中国！山城重庆的黄桷湾立交，密密麻麻的15条匝道分为5层，向8个方向延伸而去，被誉为“主城最复杂立交”，据说导航到这里都会迷路。

重庆黄桷湾立交夜景

★ 中国高楼

根据2017年数据显示，中国超过152米高度的大楼有802幢，超过美国的539幢，位居世界第一。

图中最高楼为上海中心大厦，远处的东方明珠电视塔成了小弟弟

中国的上海中心大厦,是目前世界第二高楼。主体为118层,总高为632米,结构高度为580米,在最顶层设有"上海之巅"观光厅,可360°观赏上海全景。

建筑行业有句行话,建设300米以上高楼是一道门槛,建设500米以上高楼是一个永久性难题,这个难题,现在被我们破解了。因为中国有着自主研发的空中造楼机,它使得传统房屋建筑方式发生了新的大变革,能够用短短5小时突破500米关口,4天就建好一层,建造的房屋可以抵抗14级大风。

空中造楼机

空中造楼机采用智能控制,实现了高层建筑工业化的智能建造,又因为它将全部工艺过程集中、逐层地在空中完成,因此也被称为"空中造楼机"。

空中造楼机之所以这么厉害,还因为它有着一种独有的设计,叫做微凸支点。这些独有的微凸支点可以承载400吨重量,大大节省人工时间,缩短工期,并且为建造房屋提供安全保障。

★ 中国高铁

在海外,说起"中国制造",大多数人会想起高铁——中国高铁领跑全世界。

“中国高铁”，国家名片，有着诸多世界第一。2012 年 12 月，世界里程最长的高铁——京广高铁正式全线通车；2014 年 12 月，世界上一次性建成里程最长的高铁——兰新高铁全线贯通；2017 年 9 月，世界上高铁商业运营速度最快的高铁——京沪高铁“复兴号”实现 350 千米时速运营。

“复兴号”开进了苗寨

目前，“复兴号”采用的 254 项重要标准中，84％是中国标准，无论是功能标准还是配套标准，都比欧洲标准和日本标准要高，多项技术已经领跑世界。中国高铁有着自己的特色，“中国标准”正在慢慢成为世界追逐的技术目标。

从 40 ℃到零下 40 ℃，中国高铁的运营环境让最不起眼的零部件都必须适应环境温度的跨度。

“复兴号”动车组高速行驶的核心部件——齿轮箱，具备 30 年 2 400 万千米的超长使用寿命，而这样的距离相当于绕地球行驶 600 圈。当时就有国外的一些技术员说：你们慢慢做，有个 20 年，30 年，能把这个攻克，你们已经很厉害了。让外国专家没有想到的是，短短 10 年，齿轮箱这项技术难关就被我们成功攻破。

中国高铁上的创新从未停止，物联网、大数据、云计算、北斗定位、人工智能、5G 通信等信息技术，逐步与高速铁路融合；自动驾驶，将在 2022 年北京冬奥会时实现；原本由人工操作的启动加速停车，在未来只要按一下按钮，就能自动完成，减轻了司机的压力……

智能化、绿色化、系列化，是中国高铁未来的发展方向。中国速度，中国智造，拥有自主知识产权的中国高铁会越来越多。

★ 中国隧道

中国工人们遇山开山，遇水搭桥……有一家中国公司甚至放出狠话：挖隧道，你只需要告诉我起点和终点，在这个星球上就没服过谁！

经过 11 年的艰难施工，有着“中国最难隧道”“世界最难掘进隧道”“中国隧道施工地质博物馆”之称的大瑞铁路大柱山隧道平行导洞贯通，再次证明了中国基建的实力！

2015 年 6 月，在挖掘这条隧道时，施工者遭遇了 3.5 千米长的高温段落。隧道里一年四季几乎都是三十七八度的高温，再加上洞内涌水，十分潮湿。施工者们苦中作乐，说施工最大的福利，就是天天“蒸

大柱山隧道

桑拿”。

在施工现场，一股股湿热之气扑面而来，地上堆着成吨的冰块。每天，司机都会从蔬菜公司的冷库提运冰块，一次一吨，一天得运四五次。这些冰块在隧道里 5 个多小时就全部化掉。冰块其实对隧道内降温起不了多大作用，不过工人们干一会儿就能到冰块边坐一会儿，总算有了休息的地方。即使这样，一个工班也只能支撑两小时。

在这样的条件下，施工没有停歇，而是 24 小时不间断地向前挺进。工人王玉福只有 23 岁，这个不折不扣的“90 后”，干的是最苦的钻孔，打孔时面前烟尘四散，汗水落到眼里又痒又疼，不时还会被涌出的山水浇成“落汤鸡”。可是小伙子却说：“没觉得有啥苦，热了就当有水冲澡呢，多方便。”

隧道内的“雨中作业”

二工区经理程瑞从 23 岁大学毕业就来到大瑞工作。他的妻子在四川工作，两岁的儿子跟着爷爷奶奶在陕西渭南，一家三口人常年分居，但他毫无怨言。

离大柱山隧道不远的地方，是保山市水寨乡海棠村。这是个贫困村，村民们都盼着铁路修好，成为一条致富路，把山货运出去。他们经常去隧道口转转，提起在隧道里工作的“娃娃们”，都说：“太可怜了，遇到这么大的困难……”

按照进度，大瑞铁路有望在2021年开通运营，这意味着来自各地的500余名隧道建设者，还要继续坚守在澜沧江岸和大柱山下，还将放弃更多节假日和家人团聚的机会……

隧道开通后，只需要5分钟，火车就能穿越14.5千米的大柱山隧道。坐在车厢里欣赏风景的旅客们，也许不知道，为了这5分钟的畅通，有那么一群人，付出了整整13年的青春和汗水。

★ 中国公路

截至2019年，中国公路总里程已达484.65万千米、高速公路达14.26万千米，居世界第一！

中国公路延伸到中国每个偏远角落，连最难建设公路的青藏高原，都有不同的进出路线：青藏公路、滇藏公路、新藏公路。曾经以为是禁忌之地的沙漠，如今都已被公路包围，甚至有多条公路深入沙漠之中。

塔里木沙漠公路全长522千米，其中穿越流动沙漠的段长为446千米，是目前世界上在流动沙漠中修建的最长公路。塔里木沙漠公路绿化带全长436千米，宽72～78米，全线采用滴

塔里木沙漠公路

水灌溉技术，每约 2 千米设立一个浇灌增压站，常年有护林员管理，年耗水总量不超过 600 万立方米，苗木栽植总量达到 2 000 余万株，被誉为“人间奇迹”，是世界上第一条“沙漠绿色走廊”。

说到中国公路，不得不提 G7 高速，全称京新高速。G7 高速连接北京和乌鲁木齐，全长 2 540 千米，贯穿北京、河北、山西、内蒙古、甘肃、新疆五省一市，串联了大半个中国，是世界最长穿越沙漠戈壁的高速公路。

四川雅西高速

四川雅西高速，被誉为“云端上的公路”，是世界公认修建难度最大、没有影响环境而修建起来的一条公路。它跨越青衣江、大渡河、安宁河等水系和 12 条地震断裂带，穿行在崇山峻岭之间，有隧道 25 个，架桥 270 座，是中国公路史上的奇迹工程，全世界很少有人能够做得到！

★ 南水北调　利国利民

为了缓解我国北方缺水困境，优化水资源配置格局，中国实施了南水北调工程。南水北调工程支撑着经济社会的发展，促进了生态文明建设，推进了国家重大战略实施。南水北调成为新中国 70 多年发展历程中浓墨重彩的一笔！

据水利部介绍，东、中、西三线全部建成后，供水区域控制面积将达 145 万平方千米，受益人口约 4.5 亿人。

南水北调工程所经之地，有政治文化中心，有粮食生产基地，有经济发展新区，有地下水超采的创伤之地。在北上的南水里，有资源，有动力，有生态，有民生。水丰了，河清了，钱多了，景美了，人民的获得感和幸福指数明显增加了。

南水北调，充分体现了中国智慧，彰显了国之实力，证明了中国制度、中国道路的巨大优势。

南水北调中线滹沱河倒虹吸工程

千里调水，来之不易，通水的背后，是无数智慧与汗水的凝结。1 000 多家参建单位扎根在近 3 000 千米的工地现场，攻克一个个世界级难关。有关部门和沿线 7 个省市干部、群众全力保障工程推进，40 余万征迁群众舍家为国，为调水梦的实现做出了卓越贡献。

5. 科技脱贫　专家指导

近年来，每到六七月份，红通通、火辣辣的小龙虾，就是许多吃货的最爱。江苏省盱眙县是全省小龙虾的主要供应地，黄花塘镇也在其中。

黄花塘镇是革命老区，当年新四军军部曾驻扎在这里达 2 年 8 个月之久。但许多年来，由于集体经济增收乏力，贫困成为革命老区挥之不去的阴影。

在党和国家精准扶贫的号令下，黄花塘镇依靠科技大力推广应用“稻虾综合种养”模式，从此农民开始致富奔小康。

★ 因镇制宜　科学谋划

2015 年，省农科院沈新莲研究员来到盱眙挂职担任副县长。他和粮作所水稻专家们一起，与当地农业企业合作，研究把小龙虾养在水稻田里的养殖方法。

把小龙虾养进水稻田并不简单，首先要过“三关”：一是水质关，小龙虾对水质要求很高，稻田不能喷化学农药，需要采取绿色防控措施；二是品种关，要选择抗性好、耐水淹、抗倒伏、生育期短的水稻品种；三是技术关，找到小龙虾与水稻共作的最佳“时机”和最适种养方式。

为了越过难关，沈新莲白天下地观察，晚上翻阅书籍，潜心研究。

很快，黄花塘镇五星村的稻田边，开挖出了 1 米宽的水沟。3 月份在水沟里放入第一季小龙虾的虾苗,6 月份大虾收走,然后种上水稻,再接着补充虾苗。在沈新莲等人的努力下,第一年,“稻虾共作”试验就获得成功,水稻与小龙虾结为“互帮互助”的亲密伙伴。一年下来,一亩地能收获水稻1 200多斤,捕捞小龙虾 200 斤。

稻虾共作

试验成功后,当地农民喜出望外,不到一年,“稻虾共作”的希望田就在盱眙铺开了 3 万多亩。

★“一稻三虾” 科技助力

2017 年,江苏省农科院成立专家团队,为黄花塘提供技术服务。

专家团队里,包括张家宏研究员。这位与小龙虾打了 20 多年交道的专家,为黄花塘镇带去了自己钻研多年的独创成果——“一稻三虾”种养模式。这种模式在传统“稻虾共作”的基础上,又增加一期成虾和一季虾苗,实实在在地提高了龙虾收成。

村民卢勇听取了张家宏的专业意见,不惜成本,在田沟开垦、水利建造上加大投入,没想到,“一稻三虾”的好收成让他在第二年就回了本。

年逾花甲的曹树科和老伴都患病严重，劳动能力十分有限。2018 年，他进入种养殖企业打工。“学有所成”的老曹在农科院专家的帮助下承包了2 亩土地，自己搞“稻虾共生”，一年下来，利润达 12 000 元左右，高高兴兴脱了贫。

助力脱贫攻坚，专家科技先行。如今的黄花塘镇老乡们在产业兴旺、生活富裕的追梦路上，充满信心，奋力奔跑。

走向明天

未来岁月，中国还将自主创新更多新技术，计划建设一批超级工程，以增加人民福祉，推动社会发展。如：

★北斗组网

发展全球卫星导航系统，为全球用户提供导航定位信号，实现全天候全天时高精度导航定位。计划在 2020 年左右，实现北斗卫星导航系统形成全球覆盖能力。

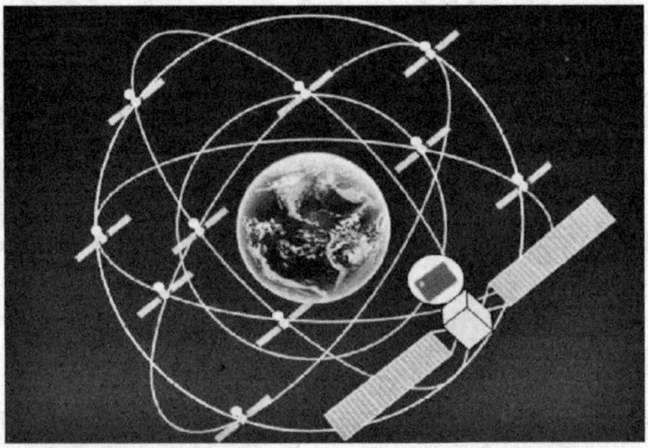

北斗组网模拟图

★ 中国空间站

我国将于 2022 年左右建成中国空间站，这个空间站将成为中国空间科学和新技术研究实验的重要基地，将在轨运营 10 年以上。空间站的建成将促进中国空间科学研究进入世界先进行列，为人类文明的发展进步做出贡献。

中国空间站模拟图

★ 中欧高铁

计划将北京设为起点，将柏林设为终点的高铁列车，全长9 500 千米，途经多个国家。这个项目如果实现，将成为全球历史上最大的铁路项目。

★ 藏水入疆

和西电东送、西气东输一样，藏水入疆是一项激动人心的大工程，拟命名为“红旗河”西部调水课题。该工程难度巨大，许多问题目前还没有解决办法。

★ 琼州海峡跨海通道

通道将连接广东、海南两省，工程将耗时 8 年以上，耗资 1 500 亿。目前方案倾向于公铁合建桥梁。按照初步设计，大桥分上下两层，铁路桥为四线，客运列车设计时速为 160 千米，货运列车时速为 120 千米，公路桥设计时速为 100 千米。

四、我们的文化繁荣灿烂

我们的中国人民，正进行着伟大创新、建设伟大工程、推进伟大事业、实现伟大梦想，这一切离不开文化所激发的精神力量。我们始终保持着对自身文化理想、文化价值的高度信心，保持着对自身文化生命力、创造力的高度信心。

中华文明必定传承下去，并以中华民族的伟大复兴，中华文明的不断辉煌，为人类文明发展提供丰富的中国元素。

中国故事

1. 运河文化展新颜

大运河，中国古代人民创造的一项伟大工程，是世界上距离最长、规模最大的运河，它贯通南北、联通古今，蕴含着中华民族的历史基因，传承着中华民族的悠久历史和文明。

大运河流经 8 个省市，其中江苏段纵贯南北 790 千米，

大运河江苏段

拥有世界遗产点22处，占全线的40%；江苏大运河沿线常住人口占全省85%，经济总量占91%，串联起吴文化、淮扬文化、楚汉文化、金陵文化等地域文化。

生生不息的奋斗进取，是大运河精神的基石；与时俱进的创新协同，是大运河精神的灵魂；海纳百川的融合共生，是大运河精神的核心；忠义诚信的使命担当，是大运河精神的特质。

淮安，因水而兴，一条里运河由西向东如玉带般穿城而过。（注：里运河是京杭大运河最早修凿的河段。介于长江和淮河之间，长170余千米。）

近年来，淮安人民着力打造“水清、岸绿、生态、靓丽”的秀美城区水环境。如今的里运河，水清岸绿，碧波荡漾，已成为国家4A级旅游景区。许多居民由衷地说：“家门口这条不起眼的老运河，如今变成了

淮安，一座漂在水上的城市

风光带，每天沿河边散步休闲，真是心旷神怡。”

目前，包括淮安在内的江苏人民，正在做三件大事：一是做好保护、传承和利用的文章；二是坚持“点、线、面”结合，按“河为线、城为珠、线串珠、珠带面”思路，把重要节点打造成一颗颗璀璨的生态“珍珠”；三是发挥政府、市场“两只手”作用，用法律武器为千年运河“护航”。

2. 烈士精神永不朽

在南京雨花台烈士陵园，留下姓名的烈士就有1 519名。他们的事迹，展示了共产党人的崇高理想信念、高尚道德情操、为民牺牲的大无畏精神。如今，雨花台已经成为全国各地党员、人民群众慕名前来的著名“红色殿堂”。

2016 年，南京启动“红色文化看传承　世纪追寻家国史”——雨花英烈近亲属口述史征集活动，在此后近 3 年的时间里，寻访人员奔赴北京、贵州等近 20 个省市，寻访了 60 余位雨花台烈士亲属，挖掘出了很多鲜为人知、催人泪下的故事：当年袁国平受伤后，为了不拖累战友，调转枪口将最后一粒子弹留给自己；白丁香怀着身孕赴死，60 年后，她的爱人临终前，要求将自己的骨灰埋在雨花台的丁香树下……

“就是死，也不能干孬种事！”这段文字用黑色钢笔工工整整地写在蓝色笔记本第 23 页上。这本蓝色笔记本，是贺瑞麟烈士的《死前日记》，是国家一级革命文物，也是雨花台烈士纪念馆的“镇馆之宝”。

“宝贝啊，你有一万个理由来到这个世上，但是妈妈只有一个理由带你一起赴刑场，因为妈妈不能改变自己的信仰。”舞台上，浑身血迹的清秀女子戴着镣铐，用手轻抚着隆起的腹部，声泪俱下。由雨花台干部学院全体教师创作、献演的教学情景剧《丁香》，使不少观众深深感动，泪洒当场。

2019 年 9 月 30 日烈士纪念日这天，南京市江宁公安分局刑警大队民警参加了“新婚夫妇向烈士献花”活动，这对警察小夫妻充满使命感，他们在烈士群雕前再次庄严宣誓：“我愿献身于崇高的人民公安事业，为实现自己的誓言而努力奋斗！”

雨花台烈士纪念雕塑

如今，在清明节、国庆节、烈士纪念日等重要日子，雨花台都会举办各种纪念活动，用庄严的仪式感激励参观者不忘初心，牢记使命。

3. 农民乐团有作为

江苏徐州市贾汪区马庄，1988 年开始组建村民乐团。虽历经许多挫折，但还是坚持下来。如今，乐团固定成员发

马庄乐团行走在意大利街头

展到 20 多人。每逢节假日，乐团都要为村民表演，夏季纳凉晚会、春节文艺汇演……更是热闹非凡。

2017 年，习近平在马庄调研，对当前的新农村建设予以肯定。

当时站在总书记身边的孟庆喜在事后感慨：30 多年来，村里坚持“文化立村，文化兴村，文化惠民”，“文化马庄”让马庄有了名气、人气、财气、好运气；老百姓不仅得了实惠，村风民风都呈现出完全不一样的新气象。

因为马庄乐团，很多人知道了马庄村。马庄村出名了，外面的投资也纷纷来了，马庄经济越来越好。

有了经济实力作支撑，马庄乐团越办越好，乐团“漂洋

今日马庄

过海”，多次在国际上获得艺术比赛大奖，让世界领略到中国农民的风采。

马庄先后荣获“全国文明村”“中国十佳小康村”“中国民俗文化村”“全国民主法治示范村”“中国美丽乡村”等国家级奖项40余项。

4. 留住乡愁建家乡

党的十八大以来，习近平多次强调，新农村建设一定要走符合农村实际的路子，遵循乡村自身发展规律，充分体现农村特点。

★ 家乡美，留住乡愁

每个人心中的乡愁虽不尽相同，但都是自己的精神家园；家乡在哪里，我们的根就在哪里。

徐家院，南京市江宁区谷里街道远近闻名的特色田园乡村。这里的初冬，田间已基本上没有什么作物，附近的老农正在地里种花。村子里，鸡鸣狗吠，地里立着的大型稻草人迎接着客人的到来。沿着村子走，咖啡店、

南京徐家院

中餐馆、精品民宿错落有致。

每年春秋旺季，这里都有油菜花、郁金香、薰衣草、向日葵等花海景观，游客络绎不绝，民宿一房难求。即使在冬天的淡季，也有不少市民从附近的城镇赶到这个“网红”田园景区“打卡”。在村里的九曲桥上，几位身着盛装、慕名而来的马鞍山游客正随着音乐边走边拍摄视频：“不用特别剪辑，拍到的全是美景。”

早在2017年8月，徐家院就成为江苏省首批特色田园乡村试点村，建设了备受南京人喜爱的“水八鲜”“野八鲜”绿色安全农产品基地，搭建蔬菜加工配送平台，游客可以现场采摘蔬菜、捕鱼捞虾。一系列举措，带动村集体走上了致富路。

在江苏省颁布的首批特色田园乡村名单中，全省19个村落入选，徐家院榜上有名。

“立足乡土社会、富有地域特色、承载田园乡愁、体现现代文明”，这是特色田园乡村建设的一个基调。截至2020年，江苏特色田园乡村试点增至500个。一幅幅壮丽的乡村图景正从理想变成现实。

美丽江宁

多次被央视《新闻联播》点赞的南京市江宁区，随着“美丽江宁环线游”等乡村旅游专线的开通，一举成为江苏乡村旅游"人气王"。大塘金香草谷、黄龙岘茶文化旅游村等，成为人们寻觅乡情的必去之地。

★ 老物件，留住乡愁

清朝光绪年间的账单、民国时期的熨斗、近代的粮票、二八自行车……在福建省晋江市金井镇金井村的家书乡情馆里，一件件老物件唤醒了居民的乡愁记忆。

家书乡情馆位于村党群服务中心二楼，是由原来的农家书屋改造而来的。走进这里，浓浓的亲切感扑面而来。煤油灯、老熨斗、旧时钟、旧自行车、旧课桌、锣鼓、鸡公碗、栅门，还有家书、侨批封……这些熟悉的老物件，一件接一件，让人有些目不暇接。

煤油灯

漫画：老物件

整个展馆只有 60 多平方米，却整齐地分布着"史海拾珍""往事如烟""历史旧物"三个部分。其中，"史海拾珍"收藏了 1879 年至 1976 年间，涉及该村的珍贵历史资料图片 30 张（地契、侨批封、侨汇券等）；"往事如烟"展示了中华人民共和国成立以来该村的珍贵历史资料照片 27 张（生产队社员劳作、建设等);“历史旧物”展示了早期的居家生活器物(车票、电影票、粮票、小人书等)。

村民来到这里,不仅可以参观旧物件,还能选一本有关地方乡土文化的书籍,坐下来慢慢品读。

金井村是侨乡,为了留住村民及海外乡亲的乡愁,村里打造了“升级版”农家书屋——家书乡情馆,集中展示一些老物件,目的是在保留农家书屋功能的基础上,增加乡愁乡情元素,发挥珍藏乡村记忆的作用。

年画:过年了

乡愁文化是乡村历史文化的遗存和积淀,又是乡村文脉传承的载体。打造家书乡情馆,既能有效地留住乡愁,传承乡村文脉,也为乡村文化振兴提供了新的“助力点”。

5. “文化下乡”幸福来

★ 邳州,一派热闹景象

年底,江苏省邳州市铁富镇文化广场上人头攒动、热闹非凡，江苏省暨徐州市文化科技卫生“三下乡”集中服务活动在这里启动。

新春佳节临近，这场“三下乡”活动提前把节日的氛围带到邳州人民身边。除了载歌载舞的文艺演出，集镇文化广场旁的街道上，还设置了近百个服务摊位，写春联、剪窗花、猜灯谜、看年画，一派热闹景象。

“三下乡”歌舞表演

跑竹马、舞狮子等富有邳州地方特色的非遗文化体验项目，也随“三下乡”活动走进乡村，让群众近距离感受传统文化的独特魅力；十九届四中全会精神宣讲、“学习打卡”活动等，更是给邳州市民带来一场精神盛宴。

省、市有关部门在现场捐赠款物达 1 066 万元，还有数十家职能单位为农民朋友送去卫生、计生、农业、科技等方面的免费咨询服务。

这次“三下乡”集中服务活动，结合农民群众具体的精神文化需求、生活服务需求，着力补齐精神文化短板、增强公共服务弱项、办好利民惠民实事，组织开展“时代答卷”形势宣传、送文明送道德、新时代文明实践所(站)展示等 9 大类 35 项示范性志愿服务活动。

“三下乡”活动，成为高质量打赢脱贫攻坚战、决胜全面建成小康社会的有力抓手和具体举措，给广大农民群众送去幸福、快乐的元旦、春节。

★ 盱眙，比过年还热闹

“今天镇里比过年还热闹！”新年伊始，江苏盱眙县马坝镇虽下起蒙蒙细雨，但到处都是从四面八方涌来的群众。淮安市文化科技卫生“三下乡”集中服务活动来到这里，带来的惠民服务、“爱心天使”送健康、农技服务咨询、普法宣传等 8 大类 27 项集中服务套餐，把温暖和实惠送到了当地群众的家门口。

下午两点，随着盱眙锣鼓、钱杆舞的表演，欢乐祥和的节日气氛一下在全镇漫溢开来。32 名新时代文明实践志愿者组成的咏春艺术团，表演了“美好吉祥”“幸福舞起来”；旁边的场地上，抖空竹、耍石锁等民俗体育项目展演也不甘落后，喝彩声此起彼伏。

最抢手的还是春联。中国书协副主席、省书协主席等 20 位书法家现场挥毫泼墨，为群众书写春联 500 余副、“福”字 600 多张，每张都没写好就被提前预订。

“三下乡”最醒目的标记是民生情怀。在镇政府出口，设有帐篷，开展惠民服务。你家拿来电视机，他家送来机顶盒……短短一小时为大家免费修好家电三四十件，赠送年

盱眙锣鼓、钱杆舞表演

画、日历等新年物资上百件。

农民生活水平提高了，对农技和机械的需求也越来越旺。科技专家在现场为农民提供技术咨询服务。现场展示10台高性能无人植保机，引起大家极大兴趣，纷纷询问无人机作业性能。农机专家一一作答，现场捐赠农机具12台。

丰富多彩的服务活动，给当地群众送去了实实在在的幸福礼包。

走向明天

评价一个制度、一种力量是进步还是倒退，重要的一点是看它对待历史、对待文化的态度。

在5 000多年文明发展中孕育的中华优秀传统文化，

在党和人民伟大实践中孕育的革命文化和社会主义先进文化，积淀着中华民族最深层的精神追求，代表着中华民族独特的精神标识。

振兴乡村，是一项长期性的战略任务；留住乡愁，更是一项振兴乡村、留住传统文化、建立文化自信、实现中华民族伟大复兴的根本任务。

乡村不只有乡愁，随着乡村振兴战略的稳步推进，一个令人振奋的“农业强、农村美、农民富”的新时代、新乡村和新图景，逐步在人们眼前完美呈现。

我们将继续坚持中国特色社会主义文化发展道路，向着社会主义文化强国奋力进发。

五、我们的社会安定祥和

今天的中国呈现给世界的，不仅有波澜壮阔的改革发展图景，更有一以贯之的平安、祥和、稳定。

国际社会普遍认为，中国是目前世界上最安全的国家之一。国际社会将经济持续健康发展、社会持续安全稳定并称为中国创造的“两大奇迹”。

中国故事

1. 在中国“很安全”

很多来过中国旅行或是在华工作和学习的外国人，都对目前中国的治安环境竖起大拇指点赞。

外国人对中国治安的好印象，大都来自日常生活体验，可谓“没有比较就没有鉴别”。外国人的安全感主要表现在以下几个方面：

★ 深夜敢出门

这也是外国人反映最集中、体会最深切的细节。

瑞典演员蒂莫西 · 皮洛蒂曾在中国学习过两年京剧，他说，在北京即便是深夜独自外出或聚会后回家，也不必担忧人身安全。

巴西人热娜伊娜 · 西尔维娅曾在华居住、工作 6 年。她说，对于女性来说，独自外出时走什么路线、几点前回家，都是一门学问。但在中国，这完全不是问题。

美国一名网友则讲述了自己的一件“囧事”：“在深圳，我经常在凌晨遛弯，有一次凌晨 4 时，我在公园溜达，听到树后有响动，结果过去一看，原来是一群老人家在打太极拳。”

外国游客在中国

★ 安保措施严

地铁等公共交通设施的安全与便利，让来华外国人印象深刻。在上海工作的贝尔蒂说，中国的地铁站都设有安检口，即便是深夜在城市公共交通设施里，也从来没有不安全的感觉。

★ 禁枪有力度

中国对枪支的严格管控让人放心。43 岁的柯比·马克西经常往返于上海和约翰内斯堡两地。他说,中国政府禁止持有枪械,这一条就足以让他没有任何安全上的顾虑。

★ 治安管理细

中国维护公共安全的决心体现在每一处。

来自法国的研究生朱尔·伊扎克说,中国政府在维护公共安全方面的努力有目共睹,比如在人流密集的地方,都有身穿制服的警察维持公共秩序,有效杜绝了危险品在公共区域的出现。

现居瑞典的华人莎伦·葛分享了自己在青藏高原上的一次见闻:在青海和西藏之间的铁路上,尽管海拔已高至 4 000 米,荒无人烟且天气状况极端,沿途依然有士兵站岗执勤。

★ 人民热情高

无论是来中国旅游,还是在中国学习、工作、生活,都能找到归属感。

生活在贵阳的外国网友法尔赞·萨法维写道:"在贵阳,我充分体验了美好、善意和当地居民乐于助人的热情。中国就是一个让你永远不会感觉孤单无助的国家。"

据统计,2017 年,中国每 10 万人中发生命案 0.81 起,成为世界上命案发案率最低的国家之一;严重暴力犯罪案件也比 2012 年下降了 51.8%；重特大道路交通事故下降 43.8%，人民群众对社会治安的满意度，从 2012 年的 87.55%，上升到 2017 年的 95.55%。

中国长期开展社会治安综合治理，织牢了社会治安防控网，不存在比较严重的社会治安“乱点”。

中国政权稳定，社会局势没有动荡，也为社会治安创造了基础。中国严格推行社会治安综合治理领导责任制，各地党政干部负责社会治安，出了问题一票否决。这种社会治理的持续性和为民性都是优势所在。

“天网”行动，是中央反腐败协调小组于 2015 年 4 月部署开展的针对外逃腐败分子的重要行动，通过综合运用警务、检务、外交、金融等手段，集中时间、集中力量抓捕一批腐败分子，清理一批违规证照，打击一批地下钱庄，追缴一批涉案资产，劝返一批外逃人员。“天网”行动向腐败分子发出断其后路的强烈信号，形成了强大的震慑效果。

2.“全民通电” 享受光明

今天，对于大部分中国人来说，大规模停电仿佛已经是很遥远的回忆了，现在很多年轻人甚至不知道蜡烛是何物。目前，中国发电量已经是美国的 1.5 倍，欧盟的 2 倍，相当于美国、日本、俄罗斯三国发电量的总和，位居世界第一！

在中国，无论是高原山口还是沙漠腹地，无论是滨海渔村还是密林深处，电都会被送到你的家门口……中国实现了14亿人口“全民通电”，这是一个了不起的奇迹！

奋战在西电东送的特高压线上

2015年12月23日，青海果洛藏族自治州班玛县果芒村和玉树藏族自治州曲麻莱县长江村合闸通电，全国最后9 614户3.98万无电人口用电问题得到解决。

从此，在中国领土上，无论是雪域高原还是深山独户，都实现了通电。“全民用电”，被记录在中国电力发展的史册上。

从乡乡通电到村村通电，再到户户通电，中国人用实际行动告诉世人，哪怕只为一户人家，线也要架、电也要通。这种做法是不计成本、不计代价的，任何一个纯粹以营利为目的的企业都不会做。但是，中国的电网企业，就这么做了！

重庆中益乡，80%都是高山，山脊陡峭、地广人稀。供电员工在此处奋战了两个月，人工搬运电杆上山，架设7根电杆，为华溪村偏岩坝台区的7户人家供电；架设36根电杆,为光明村余家坝台区2户人家供电。而每户人家的电费也就每月20多元……

1996年2月18日(除夕),山东在全国率先实现全省户户通电。为了给沂蒙山山顶上的几户人家通电,30多名电力工人奋战50天,架线6千米,立杆100多根,终于将电送上。村民们敲锣打鼓舞狮子,庆贺村里通了电。

在福建省三明市尤溪县中仙乡华西村,为了让两位老人用上电,供电公司在村里新增一台变压器,专门从10千伏华口线接设800多米导线,树立了12根电杆。

福建建瓯市小桥镇埂头村,这里的乡亲们大多数都搬到了镇里,村里只剩下3户人家。供电员工没有忘记这里,2007年,他们用了两个多月时间,帮村里架设41根电杆和2.9千米供电线路,还安装了变压器。

在陕西蓝田县焦岱镇樊家村,供电公司更是架设500米"专线",只为一户低保户供电。

这些场景,只是中国户户通电、服务民生的冰山一角,这样的故事还有很多很多……如今,即使在最偏远的农村,供电可靠率都达到99.8%。

在中国的高原险峰,可能缺氧,但不会缺电!

然而,在这些地方建电网是异常困难和艰辛的。施工人员需要跋山涉水,将一根根电杆、一捆捆导线背进地处深山的施工点。

在西藏,当年未通电地区平均海拔在4 200米以上,架设线路要翻越高山,运输靠牦牛运、马帮驮、人肩扛。有的地方施工周期短,地处高原峡谷内,全年无霜期仅为110天

搬运电力设备

左右。

中国的供电工人克服了所有的困难，甚至把大电网的电送上了珠峰大本营。

2014 年 4 月 12 日，随着一条 10 千伏供电线路合闸送电，海拔 5 200 米的珠穆朗玛峰大本营正式通电。同时，让沿途 21 个乡村 1 011 户居民及世界上海拔最高的寺庙绒布寺，都用上了可靠电力。

在继青藏、川藏电力联网工程之后，2018 年 11 月 23 日，世界上海拔最高的超高压电网工程——藏中电力联网工程也投运了！

在藏中电力联网工程施工现场的供电小哥这样描述：普通人上班，坐车坐地铁，他们上班，需要飞檐走壁；普通人上班，背着通勤包，他们上班，背着氧气瓶；普通人开车上班，在马路上行驶，他们开车上班，在悬崖边行驶，不仅有极速漂移，还要避开落石。

工程需要翻越的 4 500 米以上的高山就有 5 座，跨越澜沧江、怒江、雅鲁藏布江 10 余次。有一种山脊被工程人员形象地称为“刀背梁”——三面悬崖峭壁，像菜刀刀背一样立于天地之间，无数铁塔就要架在这样的“刀背”之上。

高原雪山上架设电路

中国电网人冒着生命危险将电送到险峰，送到绝壁，送到云端，创造了14亿人全部用电的“神话”，成本之高，史无前例。“100年不回本，电网也要建！”这一点很多人也许不太了解。其实，“户户通电”工程投入巨大，平均每户投资1.33万元，通电成本是正常农村通电成本的10倍以上。

新疆克孜勒苏柯尔克孜自治州乌恰县乌鲁克恰提乡通电工程，总投资6 578万元，解决867户3 576人的用电问题，户均投资为7.59万元。

然而就算这样，电网的毛细血管还是义无反顾地延伸到了祖国大地的各个角落。

居住偏远的藏族同胞家通电了

有人会问：既然工程这么难建，耗资如此巨大，一两百年收不回成本，为什么还要费这样大的力气干？中国告诉你：我们是社会主义国家，我们要共同富裕，人民不能没有电！中国的电网企业告诉你：我们是国企、央企，只要国家有需要，人民有需要，亏本也要干，牺牲也要干！

有电，才能看电视、上网，了解外面的世界；有电，才能通水、通铁路，才能通往美好的生活；有电，才能搞养殖、办工厂，才有脱贫的希望。电力既是生产资料，也是生活资料，从经济、战略、发展多个层面考虑，非通不可！

于是，这个让世界惊叹的电力奇迹，就这样在中国出现了！

14 亿人全民用电，中国为什么能？归根到底一句话，就是因为：中国特色社会主义制度的优越性。

3. 平安守护秦淮河

南京秦淮河畔夫子庙，面积只有 0.52 平方千米，密布着大小商铺 2 000 余家，年均人流量超过 3 000 万。年复一年，这里车水马龙、人潮如织，却一直平安、祥和。作为夫子庙景区的平安守护者，南京市公安局秦淮分局夫子庙派出所立了大功。

夫子庙派出所千方百计为民解忧，兢兢业业保护民安，赢得了辖区群众和广大游客的高度赞誉，先后获得“全国青年文明号”“全国模范派出所”等“国字号”殊荣。

从 1985 年开始举办的秦淮灯会，是目前全国持续时间最长、人数最多、安全风险也相对较高的大型群众性活动，每年观灯游客达 600 余万人次，单日最高人流量近 70 万人

南京夫子庙

次，治安压力很大。

为了保证秦淮灯会安全不出事故，夫子庙派出所除了依托传统的人墙战术外，充分借助科技和改革的引擎作用，确保了夫子庙灯会连续 33 年零事故。

“先行一步”是夫子庙派出所的传统。他们从加强安保指挥的中枢纽带入手，在全市率先建成智能化“综合指挥室”，实现了对景区安保工作的精准化指挥。

人民警察在夫子庙值勤

秦淮灯会现场，执勤民警胸前都佩戴着一部黑色执法记录仪。这可不是传统的记录仪，而是便携式的 4G 图传仪器，像一部流动敏锐的“人体鹰眼”，执勤民警佩戴后,可以实时将现场画面传输到指挥部后台。

夫子庙派出所还研发了人流计数和客流态势的分析模块,设立四色预警机制,为疏导人流提供信息支撑。

科技创新无上限,为民服务无止境。夫子庙派出所还首创了多种“防走失系统”,近三届灯会来,共救助老人273人、儿童328人。

针对景区人流量大,消费纠纷、维权纠纷、管理纠纷相对多发的情况,夫子庙派出所组建起以调解纠纷为主的“平安夫子庙前哨联盟”,每年成功调处矛盾纠纷1 200余起,调处成功率达99%以上。

夫子庙傍水而建,水域安全显得尤为重要。为应对景区突发事故,夫子庙派出所成立了“平安夫子庙勇者联盟”,成功开展紧急救助87次,救起落水人员32人之多。

为游客送开水

去过夫子庙景区的游客都知道,夫子庙派出所门口有一只“爱心茶水桶”,从1995年起,它便被放置在那里,历经风吹雨打,人来人往,20多年如一日,从未间断。有人统计过,“服役”6 000多天来,这只茶水桶累计向市民、游客供应热水680余万杯3 000余吨。

现在,夫子庙派出所升级改造,还专门在前台配备了饮水机和手机充电数据线,方便有需要的游客使用。

4. 他(她)们是最美志愿者

习近平指出,志愿服务是社会文明进步的重要标志。优秀志愿者的故事,可以感染你我。让我们相信:爱,会相互传递,会彼此点燃;涓涓细流汇成大海,点滴善举定能聚成大爱。

★ 星海社区 “网格服务”

“有困难能解决,有心愿会实现。”2019 年底,江苏省海安市星海社区领到了一份沉甸甸的荣誉——全国“最美志愿服务社区”奖牌。

十多年前的星海社区,是标准的“城中村”——大量安置户集中,社区环境复杂。当时,几名老党员带领十多位居民成立了卫生监督队、治安巡逻队,每天义务值勤巡逻,捡拾垃圾,劝阻不文明行为,社区志愿服务从此开始。

随着城市化进程加快,商铺和出租房增多,人口密度增加,居民需求也越来越多样化,志愿服务“单一化”,已经无法满足居民对美好生活的向往,“品牌化、专业化”成为大趋势。

2014 年,由星海社区与原国税局合作的“125”爱心志愿服务站应运而生。一个个鲜活而富有温度的生动实践,让星海志愿服务品牌发展思路越来越清晰。

“没有烟头,也没有未成年人进网吧,今天情况一切正常。”傍晚 6 点,已经 80 岁高龄的社区老党员徐永楼在结束

最美志愿者

一天的网吧巡逻后，来到社区汇报情况。作为网吧义务监督小分队的"元老级"志愿者，徐永楼已经默默奉献了近10个年头。

除此之外，徐永楼还有一个身份——小区网格员：发现广场健身器材有问题，报给物业；哪家有矛盾，及时上门了解情况……徐永楼的心愿就是让社区一直保持平安、和谐、美丽。

近年来，星海社区以网格化路径，持续推进"网格志愿"工作，把志愿力量延伸到服务群众一线，用"小网格"筑起独具特色的城市志愿大格局。

兼职网格员梅桂玲了解到许多居民喜爱打篮球，但是社区广场设施老旧，空地经常被居民挪为他用，立即反映到社区。经多方协调，社区联合城管局在广场铺上塑胶地面，布置打造社会主义核心价值观公园，"乱糟糟"变成了"小清新"，社区居民有了安心的户外活动场地。

"居民想要的美好生活，就是社区不断奋斗的目标。"星海社区将辖区内不同单位的党组织串联起来，组建党建志愿联盟，将500多名志愿成员按照不同专长成立各种"帮帮团"，真正实现了"邻里帮帮乐"。

★ 海门义工　志愿除污

圩角河——南通市海门人的母亲河。以前的圩角河脏乱不堪:水面上密密地挤满了各种垃圾,有易拉罐、塑料袋、鼓着肚子的死猪和爬满了蛆虫的猫狗……黑色的河水有气无力地流淌着,散发着阵阵恶臭。

身为海门人的张建伟看到这种情景,一个念头再也压不下去:要去圩角河上义务打捞垃圾。

张建伟在清扫污水沟

打捞垃圾太臭,太脏,妻子也不支持,但张建伟下定决心要做。他花百十元钱,请渔民做了张渔网,开始了"错峰出行"。他早晨 4 点起床,赶在人们晨练之前把垃圾打捞上来;到了中午,原本湿漉漉的垃圾干得差不多了,他再把它们运到垃圾中转站。

这样干了一两个月,消息不胫而走。2011 年,海门市委宣传部找到了张建伟:你凭一人之力能捞几年垃圾?把你的故事宣传出去,才能激励更多人做志愿者,教育大家不要乱丢垃圾。

环保不是捡捡垃圾,而是从观念、习惯上塑造人;捡不能解决问题,只有不丢才能从根本上解决问题。张建伟明白了这个道理。于是,2012 年 4 月,海门市张建伟环保志愿者工作站挂牌成立,市里“四套班子”悉数到场。

张建伟利用两年时间发动志愿者 2 000 余人次,打捞出 15 万斤垃圾,彻底改变了圩角河的面貌。他们还先后对城区 3 000 多幢楼房的小广告进行了全面清理;连续 5 年组织志愿者到长江滩、海滩进行净滩活动;农村收获时节,每年组织志愿者深入农田,宣传焚烧秸秆的危害,并深夜值守……

“绿篱笆”越织越密,志愿者越来越多,环保旋风越刮越猛,张建伟领导的工作站,又升级为“协会”,成为海门市环保志愿行动的策源地和指挥部。

近两年来,张建伟领导的团队志愿服务时长已超过 17 万小时。2017 年,张建伟被中央文明办授予“中国好人”的称号。

5. 徐州,厉害了

江苏省徐州市是一座二线城市,2019 年被评为“中国最具幸福感城市”;在《中国最安全城市》排行榜上,由 2018 年的第四位晋升一位,位居全国第三!

★社会平安稳定

为了保障徐州市的安全,维护社会的稳定,徐州市公安机关采取了一系列行之有效的措施。

一项项专项行动拉开帷幕,一起起大案要案成功告破,一件件民生小案精准打击。在打击犯罪行为的战场上,徐州公安机关重拳出击,源源不断地为社会注入正能量。

平安徐州的实现,不是靠公安民警的单打独斗,更有社会力量的广泛参与。目前,徐州市已组建一支 58 万余人的平安志愿者队伍。大走访、大排查、治安巡逻、出租屋排查整治、法治护航、护学岗……处处都有平安志愿者的身影。

美好徐州

★“幸福”成为名片

徐州市的云龙湖畔,每晚都会迎来数万名健步行走的市民,人数在全国首屈一指。穿行在如画般的美景中,人们由衷地感慨“大自然被拉到了身边”。

高党村村民每天早上、傍晚都会走出统一建设的两层小楼,聚集在村口小广场,跳起广场舞;回家时,顺便到村上电商点取回网络“潮品”。乡亲们自豪地说:“城里有的,村里都有。”徐州城乡,居民生活越来越相似……

在全面小康社会的征途中,徐州大力推动城乡建设高质量,把工业和农业、城市和乡村作为整体统筹谋划,促进相互融合、共同发展,让“幸福感”成为徐州城乡人民的深切体验。

★治理“牛鼻子”

徐州实施了历史上规模最大、惠及群众最多的民生工程——棚户区改造和保障房建设。

2018 年,徐州全市改造棚户区超过 1 亿平方米,52.6 万户居民受益,其中主城区改造 3 872 万平方米,30 万户居民实现了出棚入楼,安居乐业。

对于徐州矿务集团退休工人李建庭来说,棚改不但改变了居住条件,而且彻底改变了生活方式。李建庭一家人原本居住在低矮潮湿的矿区平房,棚改后,他们住进了环境优美的住宅小区。

徐州在棚户区改造腾出的土地上,建设了农贸市场、放心早餐、社区医疗机构、中小学和幼儿园、公交首末站、音乐厅、艺术馆等,不但给大家的生活带来方便,还提升了生活品质。

环境优美的住宅小区

走向明天

人民安居乐业,国家才能安定有序。平安生活,是老百姓解决温饱后的第一需求,是极重要的民生需求,也是最基本的发展环境。

我们站在新的历史起点上,建设“平安中国”,不仅希望为老百姓安居乐业提供安全庇佑,也为国家改革发展创造稳定环境。

我们把平安中国建设置于中国特色社会主义事业发展全局中来谋划,奋斗不息,努力实现老百姓的“平安梦”,实现中华民族伟大复兴的“中国梦”。

六、我们的生活蒸蒸日上

我们的人民热爱生活，期盼有更好的教育、更稳定的工作、更满意的收入、更可靠的社会保障、更高水平的医疗卫生服务、更舒适的居住条件、更优美的环境，期盼孩子们能成长得更好、工作得更好、生活得更好。

人民对美好生活的向往，就是我们党和国家的奋斗目标。

中国故事

1. 少数民族同胞富裕了

★“大棚让我很有成就感”

春天的高原，绿意稀少。但走进西藏日喀则市白朗县近郊，一座种植黄瓜的蔬菜大棚里，浓浓绿意让人十分惬意。

黄瓜大棚的技术员、藏族小伙拉巴旺堆，正在指导几位新员工。虽然他来这片蔬菜大棚工作才一年时间，但已经是负责黄瓜种植的技术带头人了。

来到这里之前，拉巴旺堆是牧民，每月收入才 1 000 元，现在每个月能拿到 4 500 元，一年的工资就有 5 万多，他觉得很有成就感。除了完全掌握种植黄瓜的技术，拉巴旺堆还打算将来建个属于自己的大棚。

高原大棚

在这片蔬菜大棚里有 80 名员工，其中一半是当地藏族老乡，根据对技术的掌握程度，他们每个月能拿到 4 500 元到5 000 元不等的工资。为了让员工熟练掌握种植蔬菜的技术，入职时要进行技术培训，然后再根据兴趣分别掌握一种蔬菜种植技术的全流程。

目前，蔬菜产业已成为白朗县脱贫致富工作的一个重要项目。下一步，白朗县将进一步扩大蔬菜种植规模，同时创建有机蔬菜品牌，让百姓通过产业实现稳定脱贫。

★“现在我有好生活”

82 岁的藏族老党员桑珠卓玛住在拉萨市曲水县拉萨

河畔三有村一幢光线明亮的小楼里。几年前，她还住在半山腰上两间低矮的土木房子里。那里土壤贫瘠，一方水土养不起一方人。后来根据易地扶贫搬迁政策，她一分钱没花，住进了现在的小楼。

由于丈夫长期生病卧床，桑珠卓玛家的生活一直比较困难。前两年，由于符合易地搬迁条件，他们全家来到了现在的住所。因为离县城近，政府还帮忙给她女儿找了一份保洁的工作。

老人常常感叹：过去哪想到会过上这样的好日子啊！

桑珠卓玛患有高血压，村里的医生经常来她家，给她测血压，送降压药。村卫生院会定期去村子里慢性病人家里随访。河畔的三有村是由搬迁户组成的新村，患慢性病的老人比较多，村医随访任务繁重。村卫生院与江苏省泰州市一家医院有远程诊疗的合作关系，遇到一些诊断不了的病症，还能通过电子设备实现远程问诊。

晒晒我们的幸福

★“有门熟练的技术踏实”

拉萨市达孜区雪乡传统手工艺制作合作社里摆放着各种色彩鲜艳、表情夸张的布制面具。

合作社员工西洛在生产车间负责为面具内里上漆。他的腿有残疾，来合作社之前主要务农，每个月收入只有500元。自从来到合作社，掌握了技术，每个月能拿到2 500元的工资。合作社除了每个月发放固定的工资，还管吃管住，西洛觉得很满意。

车间的另一名员工达瓦，原本在工地干活，收入不稳定，现在在合作社负责给面具塑形，一个月能拿到5 000元工资。达瓦很有信心，认为现在自己还没有完全掌握制作面具的技艺，等将来把所有工序都掌握了，要自己开一家面具店。

色彩鲜艳、表情夸张的布制面具

合作社负责人也叫西洛，是自治区级非物质文化遗产项目“拉萨布制面具制作技艺”代表性传承人。他向游客介绍，面具制作起源于公元7世纪，在藏戏演出和雪顿节等场合，都有着广泛的使用。合作社还为230名农牧民提供编制毛毯、缝纫等技艺培训，实现了70多户农村妇女居家就业。

★ 为航天城搬迁

蒙语中有一句谚语："齐心的蚂蚁吃角鹿，合心的喜鹊捉老虎。"对于生活在内蒙古大草原的各民族兄弟姐妹来说，民族团结就像空气和水一样不可或缺。在内蒙古最西端的阿拉善盟额济纳旗宝日乌拉，蒙古族土尔扈特人娜仁格日勒一家为了支援航天建设以及保护生态，曾经先后两次举家搬迁。

中国酒泉卫星发射中心

娜仁格日勒说："我八九岁时跟着父母搬迁，白天把所有家当驮在骆驼上，赶着羊群走，到了晚上，搭个简易的帐篷就睡了。那时候太小，不知道为什么要搬迁，现在我出生的地方建起了航天城，发展得好。我们国家越来越强盛，看见这些我总是会非常骄傲。"

当时是1958年，包括娜仁格日勒一家在内的1 386名蒙古族土尔扈特人举家搬离这片居住了几百年的肥沃草场。从2005年开始，为了避免过度放牧，他们当中的一部分牧民又开始了新的搬迁，搬到旗政府所在地纳临高勒新区，住进了宽敞明亮的安置房。

娜仁格日勒的儿子介绍道："移民搬迁给的房子我们没有花一分钱，我们全家三口住着，每年草原奖补我们都领着，现在做点儿小生意，生活挺好的。”

内蒙古草原上的蒙古包

曾经为祖国国防和航天事业做出巨大贡献的蒙古族牧民，也得到了来自社会各界、各民族的帮助和回馈，在医疗、教育、日常生产生活各方面，当地政府都不遗余力地予以保障。

在内蒙古自治区，每8个家庭中就有一家是2个民族以上组成的民族混合家庭。各族人民亲如一家，相互尊重、相互包容、相互欣赏、相互帮助，像石榴籽那样，紧紧地抱在一起。

2. 大山的奇迹

贵州多山，山高林密。进入小康社会，贵州人民靠山“吃山”，养山护山，创造出许多大山奇迹；大山的许多特产也给百姓带来了滚滚财富。

★ 靠“灰刨辣椒面”致富

杨云，贵州一位地地道道的侗族姑娘，曾经是建档立卡的贫困户。在参加一次电子商务技能培训班后，她激动地申请了 10 万元妇女创业担保贷款，购置生产设备，在家里生产侗族特有的灰刨辣椒面，进行网络销售，并成功注册了“定旦水乡灰刨辣椒”商标。同时推出家乡特色腌肉、腌鱼、绿壳鸡蛋、土蜂蜜等一系列农产品，努力以“一根网线、一台电脑”，实现与消费者直接对接，让特色农产品走向全国。

身着盛装的侗族姑娘

目前，她的企业业绩良好，手工灰刨辣椒面日产量可达 200 斤以上，月销售达 20 000 元，带动周边村寨贫困户就近就业 12 户。这位侗家阿妹带领乡亲致富的事迹已成为当地的一段佳话。

★ 靠“非遗”致富

贵州有着深厚的民族文化基础，苗绣、马尾绣、蜡染等被列为国家非物质文化遗产。贵州省充分利用这一资源，将这些原本局限于家庭生活的基本技能培育成系统产业，给贵州的脱贫攻坚工作带来巨大助力。

伍德芬是贵州一名普通妇女，靠蜡染技术走上了致富之路。装着蜂蜡的杯子在炭灰里保持温热，伍德芬拿起蜡刀，蘸上蜡液，在一块自织的白布上精心绘制起来。随着蜡刀的游走，一笔一画，一挥一勾，信手推拉，不经意间，几朵盛开的花跃然纸上。

石丽平，贵州省松桃县苗绣代表性传承人，由她创立的梵净山苗族文化旅游产品开发有限公司，这些年生产的苗绣产品畅销国内，出口美国、马来西亚、沙特阿拉伯等67个国家。

如今，民族刺绣、蜡染、民族服装、银饰……这些曾经“养在深闺”的传统民族手工艺正慢慢回温。有这么好的刺绣手艺，加上这么好的政策引导，不愁技艺传不下去，不愁大家富不起来。

★ 靠大山致富

六盘水盘县地舍烹村位于乌蒙山深处，生活着彝族、苗族等8个民族的200余户人家。村前，有条清澈的马场河，河水潺潺流过。河的对岸，便是养育舍烹村人的娘娘山国家级湿地公园。

娘娘山风景区

舍烹村，曾经贴着落后、偏远的“标签”，然而这里出了一位致富带头人——陶正学，让舍烹村村民走上了富裕之路。

2012 年 5 月，在观看央视新闻联播节目时，一个词引起了陶正学的注意——“转型”。他认识到，要由传统农耕方式向现代农业转型，以产业发展带动乡亲们共同致富。

经过动员，村民们分别以每亩土地一年 520 元、450 元、300 元的价格，流转到合作社名下。娘娘山下富饶的土地资源转化为农民专业合作社的集体资产。

“三变”带头人陶正学

从村民手中流转来的土地，在陶正学的带领下，用来发展刺梨、猕猴桃、蓝莓、特色蔬菜等产业，并先后投入 3 亿多元，建设基础设施和农业园区。

很快，整个园区面貌发生了神奇的变化，每一位到娘娘山园区旅游、参观、考察、调研的人都深受感动。县、乡两级党委政府全力支持，将村级发展资金、专项扶贫资金等2 250万入股园区，带动了 1.2 亿民间资本，娘娘山园区总投入超过 7 亿元。

如今，村里产业蓬勃发展，村民生活富裕，村民们除了将土地流转，每年获得固定收入外，还有许多人成为合作社的固定“工人”。他们肩扛锄头、背着背篼，每天坐着合作社

村民们坐车上班

的中巴车到田地里上班。

致富带头人陶正学荣获全国“五一劳动奖章”，被评为“全国十佳农民”。

3. 吹响“健康中国”的号角

没有全民健康，就没有全面小康。我国居民健康指标持续改善，人均预期寿命从新中国成立初期的 35 岁，提高到 1981 年的 67.8 岁，又提高到 2018 年的 77 岁。

我国连续 15 年上调职工基本养老保险待遇，并且连续十多年保持增长 10%的上调幅度，这在世界上也是罕见之举。我国划拨巨额国有资产充实社保资金，让国有企业发展成果为全民共享。

我们吹响了建设“健康中国”的时代号角。

★ 让孩子不再“心痛”

在西藏地区，先天性心脏病发病率非常高，剧烈运动、心情激动都会给患者带来生命危险。近十年来，我国首都北京及许多省会城市每年都免费为西藏部分儿童患者实施先天性心脏病治疗。

宣传画：我们在行动

2012 年 7 月，来自西藏拉萨墨竹工卡县的 5 名患有先天性心脏病的儿童，乘坐火车抵达南京，随后被送往南京市儿童医院，接受免费治疗。

这 5 名患儿是南京对口支援西藏墨竹工卡县开展先天性心脏病患儿医疗免费救治行动的首批患者，最小的才 2 岁，最大的已经 13 岁了。

这个 13 岁的女孩名叫扎西曲珍，早在 2008 年就已查出患有先天性心脏病，但是身处高海拔牧区的家庭无法支付高昂的医疗费用，小曲珍的病情也因此耽误了，这次来到南京市儿童医院，看到宽敞明亮的病房，小姑娘感到非常开心。

★ 广场舞更加亮丽

近年来，每天清晨或傍晚，一群群大爷大妈都会在街头巷尾或小广场上跳起舞来。原先有些灰灰的脸膛，一会儿工夫就变得红光满面，浑身注满了朝气，鲜活得像一群群青春勃发的青少年。他们嘴里唱着，身体摆动着，脸上是遮不住的欢喜。

每逢国庆期间，西藏拉萨布达拉宫脚下的宗角禄康公园就会变得特别热闹，人们在这里载歌载舞，跳起藏族传统舞蹈“锅庄”，这是藏族人民的广场舞。

“锅庄”，又称“果卓”“歌庄”等，藏语意为圆圈跳舞，是藏族三大民间舞蹈之一，被列入第一批国家非物质文化遗产保护名录项目。作为最受藏族人民喜爱的舞蹈，“锅庄”给全国流行的广场舞注入了新的活力。

“锅庄”，藏族人民喜爱的广场舞

这曲藏族广场舞，让大家感受到民族大团结的和谐与美好。

★ 老年人健康更长寿

70 岁的纪毓山,自 20 世纪 80 年代开始锻炼身体,当时最困扰他的是场地不足、氛围不好。纪毓山说:“当时公园根本就没有锻炼的地方,锻炼时就会被人说是‘没事干了’……”

如今,纪毓山所在的山东青岛市城阳区,已成为全民健身的“桃花源”——全区建有体育公园 37 处,口袋公园 72 处,健身步道 100 余千米,登山路径 400 余千米,“健身去哪儿”在城阳早已不是难题,“健身选择去哪儿”才是困扰纪毓山以及 70 万城阳居民的“幸福的烦恼”。

有了举步就有的健身场地,纪毓山参与成立了城阳区老年体协操舞项目分会,平日里在公园里指导爱好者练习健身操舞,有空了也会进农村、学校、机关,义务普及科学健身知识。

慢慢地,纪毓山带出的队伍在城阳、青岛、山东甚至在全国都有了名气,获得了数不清的荣誉。健身操舞也成了青岛老年人甚至年轻人的健身新选择,成为一个全新的体育文化符号。

★ 阳光体育满校园

足球、排球、花样跳绳、引体向上……每逢大课间或课余时间,在大同初中的校园里都会看到三五成群的学生积极锻炼的身影。

大同初中现有学生 670 多名,由于地处偏远农村,以往学生们的身体素质、行为习惯及运动理念等方面都表现得不太乐观。

如今,学校在抓好文化课程的基础上,着力推广体育运动普及,让学生根据自己的爱好兴趣,选择适合自己的项目,并予以专业的训练与培养,让运动细胞植入每个学生的身体。

708 班的周士平是该校花样跳绳队的队员。刚开始,他听说要参加花样跳绳,心里有些害怕。初学时,他的神经老是绷得紧紧的,手脚也很僵硬。在体育老师的耐心指教和训练下,他很快就熟练地掌握了动作要领。后来,他和其他队员一起参加了大同镇举行的文艺表演,赢得了台下观众的热烈掌声。他开心地说:"通过运动锻炼,不仅缓解了紧张的学习压力,脑子活跃起来了,还在活动中认识了许多新朋友,这项运动给我带来许多快乐!"

学校在"每天锻炼一小时,阳光体育满校园"的活动中,通过一根绳、一个球、一条线等运动项目的坚持开展,锻炼了学生吃苦耐劳的毅力,增强了学生团结协作的意识,让学生在运动中增进了解,获得快乐,身体素质也得到了锻炼与提高。

4. 美丽乡村　令人陶醉

小康社会的许多乡村给我们带来了众多美景美食、民俗乡愁,让我们体验到农村生活的幸福快乐、宁静休闲。

★ 南京市江宁区谷里街道周村

周村，坐落在南京市牛首山的西南麓，辖区总面积 7.6 平方千米。

周村

周村，牛首山、祖堂山、岱山三座青山环抱，生态环境优美、文化底蕴丰厚、田园风光凸显，绿化覆盖率达 58%以上，宛若“世外桃源”。

这里有岳飞大败金兵的抗金故垒，有宏觉寺和始建于唐朝的宏觉寺塔，还有明朝郑和墓。

近年来，周村大力发展生态旅游产业，依托牛首山景区独特的历史人文资源，将牛首文化、佛教文化融入旅游特色村建设中，成功打造了“四季有花开、处处有风景”的“牛首文化第一村”。

★ 常熟市支塘镇蒋巷村

蒋巷村，位于阳澄湖沙家浜水乡。村辖区面积 3 平方千米。先后被表彰为全国文明村、中国最有魅力休闲乡村、国家 4A 级旅游景区等，且获得了亚太环保协会低碳农业奖。

蒋巷村是个天蓝、地绿、水清、人勤、物丰的江南水乡宝

蒋巷村

地，农耕文脉深厚，民俗遗存丰富，也是一个环境宜居、生态宜游、出行便利、富裕和谐的美好家园。

多年来，蒋巷村沿着“农业起家、工业发家、旅游旺家”的思路，按照农业服务旅游、工业配套旅游、农户参与旅游的目标，致力于转型发展，实现了一二三产业协调发展，“五个文明”同步进步。

四季有花、果品丰硕、伊水亭榭、小桥流水、鸟鸣枝头、鱼翔浅底，饱尝绿色生态的果蔬，带回放心的农副土特产品。蒋巷村把新农村建设 5 句话 20 个字具体化为自己的目标，即：绿色蒋巷、优美蒋巷、整洁蒋巷、和谐蒋巷、幸福蒋巷。

★ 小岗村，再出发

冬日的安徽省凤阳县小岗村，几位老人坐在自家门口，晒着太阳，聊着家常，悠闲自在。

40 多年前，小岗村 18 位农民在包干到户的契约书上按下了红手印，实施“大包干”，使小岗村一夜跨过温饱线。如今，18 位农民之一的严金昌，家里的 35 亩地已经全部流转，他住进了两层的小洋楼，还经营着一家农家乐，日子过得有滋有味。

严金昌的5个儿子中，有3个开农家乐，一个开超市，一个开澡堂，每个孩子的年收入都超过10万元。他们现在吃不愁穿不愁，家家住着小洋楼，户户还想盖车库。

今日小岗村

近年来，小岗人借助网络把小岗村的特产卖向了全国，尤其是粉丝、黑豆等土特产，销路很好。经营良好的网店，一个月能卖两三万元。

小岗村还加大公共事务投入，全面提升群众的幸福感和获得感。

未来，小岗村人决心牢记习近平的嘱托，弘扬“敢闯敢试、敢为人先”的小岗精神，进一步深化农村改革，实现村民对美好生活的向往，努力打造创新小岗、美丽小岗、实力小岗、幸福小岗。

5. 改变城市的两件事

★ 一条河，改变了一座城

徐州市丁万河，一条仅有12.5千米长的小河，几乎见证了梁开银老人的一生。

如今80多岁的他，每天都会拄着拐杖，来丁万河公园转上一圈。50多年前，年轻的梁开银全程参与开挖了当时还是排水沟的丁万河。1984年，作为村主任的他又带头参与疏浚丁万河的工作。

时光流转中，丁万河见证的，更是徐州从资源枯竭型城市到国家水生态文明城市的涅槃新生。

10年前，丁万河还是两岸布满煤炭码头，生活污水、工业废水横流。为了改善水环境，政府搬迁，关闭沿河两岸传统工业企业、小煤码头、煤沙堆场和养殖场，投资近5亿元，对河道进行疏浚，对河道两岸沿线进行绿化，丁万河公园周边环境好了，人气自然也旺了。

美丽的丁万河

一条河，改变了一座城。2017年，我国全面推行河长制，丁万河也有了河长。除了河长日常巡河，徐州市还建立了一整套河长制工作制度，河长现场办公，及时解决巡河时发现的问题。当年，丁万河被水利部评为“最美家乡河”。

过去，河道保洁员一天要捞两三船垃圾，烟头、塑料袋……什么都有，现在，水清岸绿，大家也不忍心往河里扔垃圾了，每天也就只能捞到几片落叶。

现在，沿河百姓享受着水清岸绿的美好环境，获得感、幸福感不断提升，大家自觉爱护丁万河，守护着家乡美景。

★“厕所革命”，让市民更“方便”

一座公厕，宛若城市的窗口，折射着城市的文明程度、温度及品质。现在，走进南京各大景区，都能看到功能、“颜值”不一般的厕所。南京自实施“厕所革命”以来，已对全市1 500多座厕所进行了提升改造，为市民的美好生活提供更多“方便”。

农村公厕

南京夫子庙出新核心景区内 8 座公厕,提供厕位 362 个,基本满足了大客流时段游客的需要。厕位大小根据游客舒适度进行了调整,游客在内更换衣物会方便很多;对公厕男女厕位比例重新进行了调整,由原来的 1∶1 变为2∶3,重点向女性进行了倾斜;每个公厕由两名保洁员定岗清理,随脏随清,在旅游旺季,景区还将根据人流量适时增加保洁人员,提升保洁频次。

此外,夫子庙核心景区首次增设“第三卫生间”。在约 8 平方米的空间内,婴儿护理台、婴儿安全椅、幼儿坐便器、无障碍设施等一应俱全,方便了特殊人群。

夫子庙景区公厕实行 24 小时全天候免费开放,还将进一步完善外部指示牌,在重要出入口、景点周边等设置公厕位置分布图,重新设计公厕标牌,提升辨析度,让公厕更“好找”。

宣传画:“厕所革命”

南京浦口区河滨路公厕，外部装修采用苏式园林设计，青墙黛瓦，造型古朴美观；内部设施则注重人性化、功能化，运用新科技满足游人需求。公厕内部干净整洁，丝毫没有异味，进门处的电子屏幕上，厕位使用情况、温湿度等一目了然；在小便斗、盥洗台等位置还增设了地面收水管道，定时冲洗；增设鼓风机、排气扇，上、中、下三路通风，消除异味；通过智能监控软件，实现开门自动冲水、冲水量控制、紧急呼叫报警提示等。除此之外，公厕还设置了医药箱、自动擦鞋机、公共雨伞、共享厕纸等便民设施。

走向明天

奋斗创造历史，实干成就未来。

英雄的中国人民，决心以习近平新时代中国特色社会主义思想为指导，始终沿着一条振兴发展的道路走下去，坚定不移地贯彻、落实新发展理念，坚定不移地践行“绿水青山就是金山银山”的理念，坚定不移地改善、提高和保障民生水平，奋力谱写新的精彩篇章。

人物篇　一路英雄一路歌

人民不是抽象的符号，而是一个一个具体的人的集合；每个人都有血有肉，有情感，有爱恨，有梦想。

英雄是民族最闪亮的坐标。当代中国，全面建成小康社会，沿着中国特色社会主义道路奋力前进。这是一个风云际会的时代，也是一个英雄辈出的时代。

英雄模范们用行动再次证明，伟大出自平凡，平凡造就伟大。只要有坚定的理想信念、不懈的奋斗精神，脚踏实地地把每件平凡事做好，一切平凡的人都可以获得不平凡的人生，一切平凡的工作都可以创造不平凡的成就。

我们铭记一切为全面建成小康社会做出贡献的英雄们；我们崇尚英雄，捍卫英雄，学习英雄，关爱英雄，齐心协力为实现中华民族伟大复兴的中国梦努力奋斗！

一、他(她)们是共和国功勋

1. 党要我去哪就去哪

“国家功勋”颁奖语　张富清，男，汉族，中共党员，1924 年 12 月生，陕西洋县人，中国建设银行湖北省来凤支行原副行长。他在解放战争的枪林弹雨中冲锋在前、浴血疆场、视死如归，多次荣立战功。1955 年，他转业后主动要求到湖北最偏远的来凤县工作，为贫困山区奉献一生。60 多年来，他深藏功名，埋头工作，连儿女对他的赫赫战功都不知情。荣立特等功 1 次、一等功 3 次、二等功 1 次，荣获“战斗英雄”称号两次。

战争年代不怕牺牲、出生入死，张富清靠的是一个党员的信仰，兑现的是对组织、人民的承诺。永丰战役，他带领突击组，和战士们夜间上城，夺取敌人碉堡两个，缴获机枪两挺，敌人数次反扑，坚持到天明。他说：“我一直按我入党宣誓的去做……满脑子都是要消灭敌人，要完成任务……所以也就不怕死了。”

张富清获得的部分勋章

1955 年初,已是连职军官的张富清面临退役转业的人生转折,听说湖北省西南部的恩施条件艰苦,急缺干部,他立刻申请:“我可以去!”张富清不提条件,没有要求,有的是对事业和人民的一片赤诚,他说:“这里苦,这里累,这里条件差,共产党员不来,哪个来啊!”

此后几十年,张富清把余生献给了恩施来凤县,献给了这片曾经与自己毫无关联的大山。他用兢兢业业的付出,交出了一名老兵、一名老共产党员对人民和时代的忠诚答卷。

从转业到离休,数十年如一日,张富清像一块砖头,哪里需要就往哪里搬。乐观、朴实、真诚……在大家的印象中,他就是这样一个平凡的人,和普通老百姓没什么差别。当年单位做精简职工的工作,他先动员妻子“下岗”;单位有招工指标,他对儿子搞“信息封锁”……

在熟人和子女眼里,他是一位温和慈祥的长者。95 岁时,湖北省来凤县退役军人事务局对退役军人进行信息采集时,老人出示了一张泛黄的“立功登记表”,上面记录着他在解放战争时期荣立特等功 1 次、一等功 3 次、二等功 1 次,攻占并摧毁敌人碉堡 4 座,多次充当突击队员,在战火中九死一生……直到这时,人们才知道,这是一位有着卓越功勋的人民英雄。

点赞英雄

老英雄张富清,60 多年深藏功名,一辈子坚守初心、不改本色,事迹感人。在部队,他保家卫国;到地方,他为民造福。

他用自己的朴实纯粹、淡泊名利,书写了精彩人生!

2. 用小草拯救了世界

“国家功勋”颁奖语 屠呦呦,女,汉族,中共党员,1930 年 12 月生,浙江宁波人,中国中医科学院中药研究所青蒿素研究中心主任。她 60 多年致力于中医药研究实践,带领团队攻坚克难,研究发现了青蒿素,解决了抗疟治疗失效难题,为中医药科技创新和人类健康事业做出巨大贡献。荣获国家最高科学技术奖、诺贝尔生理学或医学奖和“全国优秀共产党员”“全国先进工作者”“改革先锋”等称号。

屠呦呦，出生在浙江省宁波市。呦呦，意为鹿鸣之声，取自《诗经》“呦呦鹿鸣，食野之苹”一句。

学生时代的屠呦呦，因为踏实和勤奋，学习成绩一直名列前茅。25 岁那年，她以优异的成绩从北京医学院药学系毕业，被分配到卫生部直属的中医研究院。从此，她埋头中药研究，一干就是半个世纪。

1969 年初，中医研究院任命屠呦呦为科研组组长，参加抗击疟疾的“523”项目。作为科研组组长，她带领团队成员从系统整理历代医籍入手，四处走访老中医，先后研究了 2 000 多种中草药制剂，选择了其中 640 种可能治疗疟疾的药方，最后，从 200 种草药中得到 380 种提取物，进行小白鼠抗疟实验。

然而，实验进行了 190 次，始终没有获得满意的结果，研究一度陷入困境。面对这种情况，屠呦呦没有气馁，没有停止探索的脚步。

一天，屠呦呦一部接一部地翻阅着古代医药典籍，期望能获得一点儿线索或灵感。翻着翻着，突然眼前一亮，一行文字令她激动不已。那是东晋葛洪《肘后备急方・治寒热诸疟方》中的一句话：“青蒿一握，以水二升渍，绞取汁，尽服之。”她注意到，这里记载的取汁方法，与常规做法不同，不是煎熬,而是“绞取”——这是否意味着青蒿里的有效物质不能高温煎熬呢?

想到这里,屠呦呦立即改用沸点较低的乙醚进行实验。终于在 60 ℃下,获得了青蒿提取物,且发现对疟原虫的抑制率高达 100%。

190 次实验,190 次失败,191 次从头再来,终于在第 191 次实验中,取得了成功!

瑞典卡罗琳医学院宣布,中国女科学家屠呦呦,分享 2015 年诺贝尔生理学或医学奖,用以表彰在疟疾治疗研究中取得的成就。

屠呦呦,由此成为第一位获得诺贝尔科学奖项的中国本土科学家、第一位获得诺贝尔生理学或医学奖的华人科学家。

点赞英雄

青蒿没有美丽的花朵、扑鼻的花香,如果不是刻意观察,大多数人甚至会忽视这种随处可见的植物;它没有争奇斗艳之心,在百花盛开的时节,它低调地待在一旁,不求有人赞美。

不畏艰难、甘于寂寞、脚踏实地、甘于奉献……这就是屠呦呦及其团队所秉持的精神!

3. 让杂交水稻覆盖全球

“国家功勋”颁奖语　袁隆平，男，汉族，无党派人士，1930 年 9 月生，江西德安人，国家杂交水稻工程技术研究中心、湖南杂交水稻研究中心原主任，湖南省政协原副主席，中国工程院院士，第五届全国人大代表，第六、七、八、九、十、十一、十二届全国政协委员。他一生致力于杂交水稻技术的研究、应用与推广，发明“三系法”籼型杂交水稻，成功研究出“两系法”杂交水稻，创建了超级杂交稻技术体系，为我国粮食安全、农业科学发展和世界粮食供给做出杰出贡献。荣获国家最高科学技术奖、国家科学技术进步奖特等奖和“改革先锋”等称号。

袁隆平，一生致力于杂交水稻的研究，他的梦想就是要让杂交水稻覆盖全球。目前，杂交水稻已推广到全世界 20 多个国家和地区，不仅解决了中国人的温饱问题，保障了国家粮食安全，也为世界零食供给做出了巨大贡献。

经历过饥荒的袁隆平，立志用农业科学技术解决粮食增产问题。他发明“三系法”籼型杂交水稻，成功研究出“两系法”杂交水稻，创建了超级杂交稻技术体系，大大提高了粮食产量。2017 年，他的超级杂交水稻百亩示范片，平均亩产达 1 152.3 千克,最高亩产达 1 209.5 千克,再次刷新了世界纪录。

袁隆平继续出发。2017 年 9 月 28 日,由袁隆平领衔的技术团队,培育出最新一批海水稻,在位于青岛市海水稻研发中心的海水稻田实地测产,结果最高亩产达到 620.95 千克!

漫画:禾下乘凉

这次海水稻试种成功,意味着我国数亿亩盐碱地变成良田将指日可待。

袁隆平说,全球有 142.5 亿亩盐碱地,亚洲有 48 亿亩。中国有 15 亿亩盐碱地,其中约 3 亿亩可以开发利用。这些盐碱地如果种上高产海水稻,粮食增产前景

袁隆平喜看海水稻

将十分广阔。

海水稻的试验成功，不仅能改造盐碱地，而且能增加粮食总产量，对保证我国和世界的粮食安全意义重大。

点赞英雄

被称作“杂交水稻之父”的袁隆平继续出发，开始研发海水稻。海水稻是优质稻，富含硒。中国是一个人口大国，耕地不多，如果能开发盐碱地，变废为宝，的确是一个好消息。

我们为袁隆平以及广大农业科技工作者点赞，向他们致敬！

4. 设计中国氢弹的人

“国家功勋”颁奖语　于敏，男，汉族，中共党员，1926 年 8 月生，2019 年 1 月去世，天津宁河人，中国工程物理研究院高级科学顾问、研究员，中国科学院院士。他是我国著名核物理学家，长期领导并参加核武器的理论研究和设计，填补了我国原子核理论的空白，为氢弹突破做出卓越贡献。荣获“两弹一星”功勋奖章、国家最高科学技术奖和“全国劳动模范”“改革先锋”等称号。

1944 年，于敏考进大学。大学时代，他在理论物理方面表现出来的天赋和惊人的记忆力、领悟力，赢得教授们的普遍欣赏。

1951 年，于敏以优异的成绩毕业。不久，就被慧眼识才的领导调到中科院近代物理研究所。25 岁的于敏开始了他的科研生涯。

经过几年的努力，于敏在原子核理论方面取得了令人瞩目的成绩。后来，他带领原子核理论小组，撰写了我国第一部原子核理论专著《原子核理论讲义》。

于敏做报告

20 世纪 60 年代，于敏临危受命，和一大批老一辈科研人员负责研究氢弹。那个时候，世界上能真正研制出氢弹的国家很少，中国无法从别国获得帮助，只能自己研制。

1965 年，在于敏的组织和部署下，他们突破了氢弹原有理论，发明了世界上独一无二的“于敏构型”——世界上有两种氢弹构型，一种是美国的 T-U 构型，另一种就是

“于敏构型”。与美国的氢弹构型相比，于敏独创的“于敏构型”更加出色。

于敏没有出过国，在对氢弹的理论探索中，他从一张白纸开始，不断奋进，一步一步攻克了诸多难题。

研制氢弹需要计算大量烦琐的数据，当时，我国只有一台每秒万次的电子管计算机，并且大部分时间都还用于原子弹的研制。于敏只能带领同事们用计算尺废寝忘食地计算。于敏记忆力惊人，硬是将氢弹所需要的高难度数据计算出来了。

1967 年 6 月 17 日，一架战机在新疆罗布泊上空投下一个降落伞，伴随着雷鸣般的响声，蘑菇云随之拔地而起。我国第一颗氢弹空投爆炸试验成功了！

从第一颗原子弹到氢弹，美国用了 7 年零 3 个月，英国用了 4 年零 7 个月，法国用了 8 年零 6 个月，而中国仅仅用了 2 年零 8 个月，这是世界上最快的速度。在氢弹的研制

中国第一颗氢弹试验成功

过程中,于敏提出从原理到构型基本完整的设想,成为中国氢弹研制的关键人物。

于敏一生只有两次公开露面:一次是 1999 年,国家为“两弹一星”元勋授奖;另外一次,是 2015 年 1 月 9 日,国家科技奖颁奖,于敏成为 2014 年度最高科技奖的唯一获得者。

2019 年 1 月 16 日,国之栋梁,被称作中国“氢弹之父”的于敏离开了我们,享年 93 岁。

点赞英雄

隐姓埋名 30 年,他用一生,护卫着祖国和人民。

“一个人的名字,早晚是要没有的。能把自己微薄的力量,融进祖国的强盛之中,便足以自慰了。”这是于敏生前的自白。

今天,当我们再次提起于敏这个名字,他已成为中国精神的丰碑!

5. 初心不改　奋斗不息

“国家功勋”颁奖语　申纪兰,女,汉族,中共党员,1929 年 12 月生,山西平顺人,山西省平顺县西沟村党总支副书记,第一届至第十三届全国人大代表。她积极维护新中国妇女劳动权利，倡议并推动了将“男女同工同酬”写入宪法。改革开放以来，她勇于改革，大胆创新，为发展农业和农村集体经济，推动老区经济建设和老区人民脱贫攻坚做出巨大贡献。荣获“全国劳动模范”“全国优秀共产党员”“全国脱贫攻坚‘奋进奖’”“改革先锋”等称号。

这位来自山西西沟的普通农家妇女，在新中国成立初期，为了维护中国妇女的劳动权利，最早提出《男女同工同酬》的倡议，她的这个倡议被写入中华人民共和国第一部《宪法》。

申纪兰在第一届全国人大一次会议上投票

1954 年 9 月的一个早晨，梳着两条大辫子的申纪兰穿着连夜缝制的一身蓝色卡其布新衣，“骑上毛驴去见毛主席”，去北京参加第一届全国人民代表大会。

当时，从村子到城里，山连山，沟套沟，毛驴走了 7 个小时，火车又把她带到北京。从家乡到北京中南海怀仁堂，一共用了 4 天。

2019 年 3 月 3 日上午，申纪兰从长治乘飞机到北京参加全国两会，只花了一个多小时。

申纪兰17岁嫁到山西长治平顺西沟,这是个太行山夹缝中的村子。为了让全村人填饱肚子,1951年,村里几个互助组联合成立了合作社,申纪兰当了副社长。1952年,她当选全国劳模。第一届全国人民代表大会的妇女代表有147人,申纪兰是其中一员。

申纪兰是唯一一位连任13届的全国人大代表。在履职尽责的路上,申纪兰整整奋斗了65年。这65年间,申纪兰已经记不清自己提交了多少建议和议案,有加强农业基础地位的,有珍惜合理使用土地的,有减轻农民负担的,有改善山区公路交通的,有发展农村教育的,都是以“三农”问题为核心,与农民的切身利益息息相关。

从1973年到1983年,申纪兰担任了10年山西省妇联主任,她始终遵循“六不”约定,即:不转户口,不定级别,不领工资,不要住房,不调动工作关系,不脱离劳动。

申纪兰在工作

当54岁的申纪兰从省妇联主任岗位卸任后，立即回到西沟，做起了一个普通的农民。这些年，申纪兰带领西沟老百姓建成香菇大棚，培育新型产业，引进光伏发电，发展绿色生态旅游……申纪兰说，她和西沟乡亲们一起，在为脱贫奔小康的理想奋斗。

点赞英雄

申纪兰，从1954年起，出席了历届历次全国人民代表大会，亲历了人民代表大会制度的发展历程，见证了新中国成立70年来取得的辉煌成就。

时代在变迁，但年近九旬的申纪兰初心不改、矢志不渝，仍然忠实地履行着全国人大代表的职责。

她是人民的公仆，国家的功臣！

二、他(她)们是国家荣誉

1. 大庆"新铁人"

"人民楷模" 王启民,敢于挑战油田开发极限,攻克一道道技术难关,创造多项世界纪录。他是新一代石油人的杰出代表,为"铁人精神"赋予了新的时代内涵。

1960年,还在北京石油学院读书的王启民来到刚开发的大庆油田实习。当时,几万大庆职工吃苦找油的场景深深地震撼了他,毕业后他毅然选择重返大庆油田,为油田做贡献。

当时,有外国专家宣称"中国人根本开发不了这样复杂的大油田"。但是在"铁人"王进喜精神的鼓舞下,王启民决定靠自己的力量,闯出中国石油自己的开发之路。

挑战迎面而来。大庆油田地下构造千差万别,有富油层,也有薄差油层。王启民通过不断试验,提出"非均匀"注采理论,使日产百吨以上的高产井成批涌现,大大提高了大庆油田的原油产量。

20 世纪 70 年代,随着原油产量的增加和开采程度的加大,油井平均含水明显上升,油田开发又一次面临严峻的考验。

为了解决这一矛盾,王启民和同事们在油田西部开辟试验区,吃、住、办公几乎都在现场。就这样,王启民及其团队坚持了 10 年。在这 3 000 多个日夜里,他们白天跑井,晚上做分析,终于绘制出大庆油田第一张高含水期地下油水饱和度图,揭示了油田各个含水期的基本规律。1976 年,大庆油田年产原油达 5 000 万吨。

大庆油田采油景观

为接续高产稳产,王启民又把目光瞄向了表外储层,这是被国内外学界认定为"废弃物"的油层。在质疑声中,一次次失败、一次次纠错、一次次重来……王启民带领团队对 1 500 多口井逐一分析,终于找到了开发表外储层的"金钥匙"。这项技术使得大庆油田新增地质储量 7 亿多吨、可采储量 2 亿吨。

王启民

如今,年过八旬的王启民还坚持每天来到办公室。“退而不休”的他,又开展起新能源的技术研究。

点赞英雄

王启民,大庆“新铁人”,为祖国建设发展源源不断地“加油”。他是新一代石油人的杰出代表,为“铁人精神”赋予了新的时代内涵,获得“人民楷模”国家荣誉称号。

2. 气壮山河的守岛民兵

“人民楷模” 王继才,为国守岛30余年,事迹感人肺腑,气贯长虹。

江苏省灌云县开山岛位于黄海前哨,面积仅 0.013 平方千米。这里没电没淡水,有的只是野草遍地,海风呼啸。

开山岛虽是弹丸之地,但地理位置十分重要,是一个国防战略岛。由于岛上生活艰苦,上岛值守的民兵中,最长的待了 13 天,最短的只待了 3 天。只有王继才,一待就是 32 年。

中国开山岛

32 年,一口水窖、三只小狗、四座航标灯、数十棵被吹歪的苦楝树、200 多面升过的旧国旗,勾勒成了王继才的守岛岁月。

★守岛,艰难的岁月

开山岛上四面皆海,没有淡水,原来靠登陆艇送水,每送一次要烧几千元的油。王继才是个过惯了苦日子的人,一算账,他心疼了,说:"不要送了,就靠岛上的蓄水池,下雨的时候接雨水。”靠着雨水,王继才夫妇在岛上生活了很多年。

开山岛上没有正常的物资保障。每逢天气恶劣时,船只无法出海,开山岛便成了与世隔绝的孤岛。特别是守岛的前 10 年里,如何度过没粮、没火的寒冬时节,经常是摆在王继才夫妇面前的难题。那短短的距岸边 12 海里的航程,仿佛是难以逾越的天堑。

王继才夫妇在开山岛上

1992 年 2 月 4 日,是王继才登岛后一家人在开山岛上度过的第六个春节,也是全家记忆里最刻骨铭心的一个冬天。那天,强热带风暴来得迅速又猛烈,呼啸的狂风把固定在窗框上的两三层透明塑料布一下子就吹破了,雨水也立刻“哗哗”地流淌进来。

王继才赶忙找出锤子、钉子,冲到窗前忙碌起来。妻子王仕花则带着孩子,慌忙地“抢救”堆在床上的被子、衣服等御寒物品。

隔壁堆在地上的十多块煤球，早湿了大半，放在窗台上用于点火的打火柴，也在水里泡得湿透了。

风暴后的第三天，岛上彻底断粮了。剩下的三四块煤球被水泡得化成了渣，没有火种，他们只能过起原始人的生活——吃生牡蛎。

就这样一直熬到了渔船出海的日子。春节后，在王仕花举着的红衣服的召唤下，出海渔船靠了过来。拿到吃的，看着孩子们狼吞虎咽的样子，王仕花坐在一边号啕大哭……

沿着石阶巡逻

★守岛，从升旗开始

每天早上 5 点，王继才夫妻俩准时在岛上举行两个人的升旗仪式：王继才负责展开国旗，喊声响亮的“敬礼”；王仕花站得笔直，仰着头，边敬礼边注视着五星红旗。

没有人观看，没有人监督，王继才却特别较真。有一

王继才

次,岛上断粮,王继才吃了生的海贝海螺,一夜跑几趟厕所。第二天,他照样爬起来去升旗。看到丈夫一脸憔悴,王仕花说:“今天我一个人升旗就行了,岛上就咱俩,少敬一回礼没人看到。”“那怎么行?”王继才艰难地坐起来,穿好衣服,摇摇晃晃地向升旗台走去。

在王继才心里,这里就是祖国的东门,必须升起国旗,“守岛就是守国”,这是王继才的初心,也是王继才夫妇的精神支柱。

2018 年 7 月 27 日,王继才因病医治无效,在老家灌云县去世,终年 59 岁。

点赞英雄

王继才,用青春和热血守岛 32 年;用坚守和付出,在平凡岗位上,书写了不平凡的人生华章。他的故事,感人肺腑,气壮山河!他的爱国奉献精神,永远值得我们学习和传承。

王继才,时代楷模,人民英雄!我们向你致以最崇高的敬意!

3. 纯粹的科学家

"人民科学家"　程开甲，我国核武器事业的开拓者之一，先后参与和主持首次原子弹、氢弹试验，以及"两弹"结合飞行试验等多次核试验，人称"中国核司令"。

程开甲

1960年，一纸调令，程开甲来到北京，加入中国核武器研究队伍。从此，他隐姓埋名，在学术界销声匿迹20多年。

程开甲受命牵头起草了中国首次核试验总体技术方案。为圆满完成中国第一次核爆任务，他和他的团队把核试验需要解决的问题分解成上百个课题，走遍全国各科研院所和各军兵种许多单位，召开了几百次协作会议。在不到两年的时间里，上下通力合作，很快研制出上千台测试、取样、控制等各类实验设备和仪器。

1964年10月16日，我国第一颗原子弹在罗布泊爆响。这一声巨响，不但让世界重新认识了中国，而且让所有炎黄子孙扬眉吐气。那一晚的庆功宴上，不大能喝酒的程开甲

中国第一颗原子弹爆炸成功

足足喝了半斤白酒。

核爆炸试验成功后,为了掌握第一手材料,程开甲多次进入爆后现场甚至爆心。有一次,进入测试廊道时,其中一段十多米的廊道被挤压得直径只有80厘米,只能匍匐爬行。爆后现场,风险很大,程开甲坚持进入。

事后,程开甲非常自豪。当年法国人进行第一次核试验时没有拿到任何数据,美国、英国、苏联也仅仅拿到很少的一部分数据,而我们拿到了全部数据。

程开甲在科研上的勇气还表现在坚持真理上。作为一名学者,他始终坚持不唯上、不唯书、只唯实。在各种学术讨论中,他与自己的上级争执过,与自己的同行争执过,与自己的下级争执过,在他的心中,没有权威,如果有,也是"能者为师"的学术权威。一次争执后,他诚恳地对普通技术员说:"我向你们道歉,上次的讨论,你们的意见是对的。"

程开甲

他一生获奖无数,对于这些崇高的荣誉,他有自己的诠释:"我只是代表,功劳是大家的。"

程开甲，一名纯粹的科学家！

点赞英雄

罗布泊爆发的声声“春雷”，铸牢了中国国防的盾牌，挺直了中华民族的脊梁。陈开甲，几十年如一日，为祖国的强大默默奉献。这位人民科学家是永远的英雄，祖国和人民永远不会忘记他。

4. 一辈子就做一件事

“文物保护杰出贡献者” 樊锦诗，在大漠深处的敦煌莫高窟一待就是 54 年，被誉为永远的“敦煌女儿”。

★为莫高窟带来了“永生”

樊锦诗，一个地道的城里娃。大学时，她就特别关注也喜爱莫高窟。1963 年 9 月，樊锦诗来到了敦煌文物研究院，这一待便再也没离开过。

刚开始到敦煌，她并不认为自己会长久地待下去，因为这里的生活环境特别恶劣。莫高窟位于甘肃省最西端，气候干燥，黄沙漫天，冬冷夏热。工作人员一天只吃最简单的两顿，喝的是盐碱水；住的是破庙泥屋，没水没电，半夜还会有老鼠掉下来；也没有卫生设施，晚上想去厕所，还得摸黑走上好一段路,只能尽量不喝水,避免攀上爬下……

然而随着时间的流逝,敦煌,却渐渐成为她生命中不可割裂的一部分。

在敦煌的 50 多年,樊锦诗走遍了大大小小 735 个洞窟,看遍了每一寸壁画,每一寸彩塑。她带领科研人员刻苦专研,在石窟考古、佛教美术、文献研究等很多领域都取得了新成果;主持的《敦煌石窟考古全集》,更是被专家们赞叹。

樊锦诗在工作

★构建"数字敦煌"

1998 年,樊锦诗被任命为第三任敦煌研究院院长。此时的莫高窟名声越来越大,游客越来越多,而每一个游客的到来都会影响到洞窟内温度、湿度、空气的变化,加速壁画的褪色、老化、盐化。想到惊艳千年的艺术瑰宝很可能就此毁于一旦,樊锦诗坐立难安。

2003 年,莫高窟在国内首创"旅游预约制",入洞人数得到有效控制。为了既能保护好莫高窟,又能让更多的人得以欣赏敦煌的美丽与震撼,樊锦诗想到了利用现代科学技术。于是,她带领同事们奋斗 10 年,用了无数个日夜的坚持与打磨,一部全世界绝无仅有的高清球幕电影《梦幻佛宫》出炉了。电影放置在莫高窟洞外,却一样可以让所有人感受到莫高窟洞内的千年惊变之美。

2016 年 4 月,他们又推出网上“数字敦煌”。全世界的人都可以在电脑的方寸之间,身临其境地欣赏 30 个经典洞窟中 4 430 平方米的壁画。更重要的是,即使这些历经沧桑的瑰宝在历史的洗礼中终将流逝,图像也能永远留住它们曾经的辉煌。

樊锦诗在自己的书中写下:我们没有权利将留给子孙后代的文化遗产毁在我们这代人手中。为了将这份美好完整地传承下去,从青丝到白发,她一直在奋斗,在坚持。那个漫漫黄沙、美丽却又破碎的地方,早已融入她的血液……

点赞英雄

樊锦诗曾经表示:“我几乎天天围着敦煌石窟转,不觉寂寞,不觉遗憾,因为值得。我这辈子就做了一件事,无怨无悔”“如果我死时让我留一句话,我就留这句:‘我为敦煌尽力了’”。

樊锦诗,让我们深深地感动,给了我们奋勇向前的力量!

三、他(她)们是改革先锋

1. 将门虎子　扎根草原

扎根牧区、带领牧民脱贫致富的优秀基层干部——廷·巴特尔　廷·巴特尔是开国少将廷懋的儿子。将门无犬子,1974 年,17 岁的巴特尔高中毕业,本可以回到城市从政、经商,但他义无反顾地从城市来到偏远荒凉的牧区萨如拉图亚嘎查,变身为普通牧民,成为牧民的贴心人、致富的带头人。

萨如拉图亚嘎查是一个偏远荒凉的牧区。当年牧区草场分场到户,巴特尔承包的是全嘎查退化最严重的一个草场,总计 5 926 亩的草场大部分被白沙地覆盖,牧草稀疏,大风一起,沙尘泛滥,与草场毗邻的高格斯台河两旁全是盐碱地,寸草不生。他的妻子看到家里分到的草场不好,牛羊也是别人挑剩的,急得直哭。

面对严峻的现实条件,巴特尔走遍方圆百里的沙窝子,亲手绘制治沙地图,同时托城里的父母送来优质草籽、树种,开始了一次又一次尝试,率先在自家牧场实行“围栏轮

廷·巴特尔

牧”,使草场得以休养生息。

1993年,巴特尔当选为嘎查的党支部书记,他决心带领群众共同致富。为从根本上解决生态环境问题,巴特尔提出了著名的“蹄腿理论”:1头牛和5只羊的经济价值相当,1头牛只有4条腿,且牛卷着舌头吃草尖,不影响草的生长;5只羊有20只蹄子,且羊喜欢刨着草根吃,破坏草的生长。显然,养1头牛对草原的破坏程度远远低于5只羊,付出的辛劳也要少得多。他引导牧民减羊增牛,做足“牛”文章,引进优质肉乳兼用牛和本地牛杂交,养殖高产优质母牛,通过“少养精养”,实现了恢复生态、增加收入的目标。

在萨如拉图亚嘎查,5口架着灯泡的生态鱼塘格外引人注意。一到夜晚,灯泡亮起,蚊虫被吸引而至,落入塘中,鱼儿“欢呼雀跃”,吃着营养丰富的“补餐”。这种既消灭草原害虫,又增加鱼产量的做法,是巴特尔的又一个绝招。仅鱼塘这项,让嘎查每年创收 24 万余元,每年户均增收 2 400 多元。

牧民家的牛群

如今,萨如拉图亚嘎查修了路,通了电,用上了干净的自来水,实现了“住瓦房、开小汽车”的目标。巴特尔带领牧民们成立股份制公司,发展多种经营:鲜奶和风干肉加工销售,开展牧民之家旅游业、生态养鱼等,积极拓宽增收渠道,使牧民收入大幅度增加。人均纯收入从 40 年前的 40 元增加到现在的 1.88 万元,草原得到合理的保护和利用,实现了生态保护与牧民增收的双赢。

点赞英雄

“党的十八大代表”“全国民族团结进步模范个人”“全国百名改革先锋”……种种荣誉纷至沓来,但廷·巴特尔始终不忘初心,常常笑呵呵地说:“我是草原的儿子,这里有我的用武之地,让草原变得更绿,让牧民收入更高,让群众生活更好,是我的责任!”

2. 把群众当亲人

基层社会治理创新的优秀民警代表——邱娥国

邱娥国1979年底从部队转业，成为南昌市公安局西湖分局广外派出所的一名户籍民警。辖区在南昌市的老城区，面积大，人口稠密，小街小巷纵横交错。为了尽快熟悉业务工作，邱娥国虚心向老户籍警学习，不懂就问，不会就学。他从心底把人民群众当成了自己的亲人。

1981年9月24日，邱娥国刚参加公安工作不久，就遇到了一次重大考验。他正领着一名联防员进行防火检查，一名附近的群众突然满脸惊恐地跑过来："不好了，要出人命了！"原来，有一伙歹徒在聚众斗殴。邱娥国果断地对联防员说："你快去所里请求增援，我先去制止。"赶到现场，只见黑压压的数十人，有的拿着渔叉，有的举着尖刀，乱成一团。

这是一起聚众斗殴的恶性案件，为首的是一名有命案在身的在逃人员。邱娥国一个箭步冲上前，拦腰抱住拿着渔叉乱打的嫌疑人，并大声警告其他人："住手！"打红了眼的嫌疑人先是一愣，但看见邱娥国只身一人、手无寸铁时，开始拿刀、叉在邱娥国的背上、肩上、手上乱砍乱叉。当救援民警赶来时，邱娥国已昏倒在血泊之中，送进医院抢救了两天才醒过来。

2014 年隆冬的一天晚上,邱娥国散步到人来人往的永叔路地下通道,看见一位老人正步履蹒跚地走着。一个多小时后,邱娥国转了一大圈回来,发现老人还在地下通道里磕磕碰碰地转悠。

邱娥国马上走过去,拉着老人询问,这才意识到,老人可能患有老年痴呆症。他翻找老人的衣服口袋,好不容易找出一张皱巴巴的纸条,上面留有电话号码。邱娥国立即联系了老人的家属。

夜已深了,地下通道闸门就要关闭,可老人还瘫坐在冰冷的地上。“老人家,你屋里人马上会来接你,来,我把你背到路上去。”就这样,装了 4 个心脏支架的邱娥国背着九旬老人,走几步歇一下,断断续续走了 100 多米,终于来到路口。在寒风中等了半个多小时,将老人交给家属后才放心离开。

邱娥国

“我这一辈子都以雷锋同志为榜样,就是要像雷锋同志那样,从点滴做起,持之以恒。”这样的事,一桩桩,一件件,见证着邱娥国的为民初心。

点赞英雄

串百家门，认百家人，知百家情，办百家事，心系人民，扎根人民。邱娥国是全国千千万万兢兢业业、忠诚奉献的公安民警的缩影。

3. 带领村民脱贫的女书记

深度贫困地区带领村民脱贫攻坚的优秀代表——余留芬 余留芬，贵州省盘州市岩博村党委书记。她20多年如一日，扎根岩博，带领当地村民斗穷山、战贫困、谋发展、奔小康，把一个贫困落后的空壳村变成了一个经济发达的小康村。

★干就要干出个名堂

1989年，余留芬嫁到岩博村，当时的岩博村集体经济为零，不通水、不通电、不通路，人均收入不足800元，三分之一的村民没有越过温饱线，住的大多是土墙茅草房，村里到处都是猪屎塘，不仅环境差，而且与世隔绝。

生活太苦了，余留芬发誓换一种活法。1993年，她到附近煤矿开了个小饭馆；后来因为照顾不了家庭，回村买了照相机，走村串寨照相；之后她又办起了小超市、开起了小饭馆……

由于她敢想敢做,人勤快、头脑活,生意一天比一天好,日子也慢慢变得宽裕起来,她家成了岩博村首先富起来的人家。

贵州省六盘水市淤泥乡岩博村

余留芬仗义、热心、真诚、有本事,村民们大小事都愿意找她商量。1996 年,村里换届选举,老百姓推选她为村妇代会主任。

1999 年 7 月,余留芬加入中国共产党。入党的那一天,在鲜红的党旗下,余留芬举起右手宣誓,一定要对党忠诚、为民服务、无私奉献,带领群众换个活法。

2001 年,不到 31 岁的她挑起了岩博村村支书的担子,并暗自发誓:“干就要干好,干出个名堂来。”

★一定要变苦熬为苦干

如何拔掉岩博村的“穷根”? 上任后的第七天,余留芬决定带领大家修路。

白天，余留芬和村民们一起上工地，搬石块、掌钢钎、抡大锤；晚上，她又挨家挨户鼓劲加油。历经3个多月苦干，一条宽4.5米、长3千米的进村路开通了。

路通了，余留芬开始想着如何带领村民致富奔小康。她带领群众办起了一个又一个村办企业，先后办起了养殖场、石砖厂、农家山庄、酒厂、火腿加工厂等，让集体资产滚雪球式发展，群众收入也不断增加。

余留芬

她还带领群众退耕还林，改善农村基础设施，修建改造道路。在她的带领下，岩博村成为村集体资产达7 600万元、村集体经济积累达610万元、村民人均可支配收入达1.86万元的小康村。

点赞英雄

余留芬和村级领导班子正在共同商议新一轮发展规划,力争把岩博村打造成全域旅游精品村、全面小康示范村、乡村振兴样板村。

白墙、青瓦、汽车、产业……如今的岩博村在余留芬的带领下,正在加快步伐奔小康。

4. “郎导”名天下

塑造、传承“女排精神”的优秀代表——郎平 郎平作为中国女排的主教练,在2019国庆节前带领中国女排以11场连胜的成绩豪夺第十三届女排世界杯冠军,这也是中国女排的第十个世界冠军,成为献礼新中国70华诞的最好礼物。

这一激动人心的胜利时刻,距离2016年她以主教练的身份率领中国女排重返离开12年之久的奥运赛场,并赢得里约奥运会金牌,过去了3年;距离1986年她以助理教练的身份,与主教练张蓉芳一起带领中国女排蝉联世锦赛冠军,实现中国女排在世界大赛的“五连冠”,过去了33年;距离1984年她作为副队长,在洛杉矶奥运会上摘取中国女排的第一枚奥运金牌,过去了35年;距离1981年她担任主攻手,征战第三届女排世界杯赛,拿下中国女排第一个世界冠

中国女排走上冠军领奖台

军，过去了38年！

38年间，郎平的人生壮丽嬗变。从主攻手到主教练，郎平的身份虽然变了，对排球事业的热爱和付出却与日俱增。从“铁榔头”到“郎导”，人们对郎平的称呼变了，对她的喜爱与敬佩也历久弥深。有谁能像郎平这样，成为全民偶像、巾帼榜样几十载？因为郎平不仅是郎平，她是塑造、传承“女排精神”的优秀代表，她和中国女排完美地诠释了什么叫“国家荣誉高于一切”！

“不是赢得了奥运会，才有女排精神。”郎平说，“赢得比赛不是一个人在战斗，而是球队综合实力的反映。”郎平给每一场比赛定的目标都非常简单，就是要“升国旗，奏国歌”：“只要穿上带有‘中国’二字的球衣，就是代表祖国出征。为国争光是我们的义务和我们的使命。”

尽管队员换了一茬又一茬，尽管球队几经浮沉，但祖国至上、为国争光的女排精神一直传承下来。从主力到主帅，30多年来，郎平几乎见证了中国女排的每一个光荣时刻，

郎平

也经历了艰难时刻的顽强坚守。

女排精神的意义早就超越了排球,超越了体育,成为追求民族复兴梦想精神的表达,激励着国人的民族自豪感和自信心。

郎平不仅是国人心目中的排球英雄,在国际体坛也收获了高度赞誉。就在本届世界杯赛结束后,国际排联主席格拉萨评价说:"郎平曾经是一位非常出色的球员,而如今她已经成为一名很出色的教练员。不仅仅是中国排球,她彻底改变了亚洲排球乃至世界排球的训练方式。"

但在郎平眼里,成绩、荣誉都是需要随时被清零的。"走下领奖台,一切从零开始",这是挂在国家女子排球队训练馆内的一条标语,与国旗遥遥相望。

在郎平看来,一个卓越的教练就要"对自己要求高,能负起全责,尽最大努力去做"。她会对全队每一名运动员进行单独谈话,照顾每个队员的伤病康复状况。她认为,教练必须对球队有深度的认知和把握，对每个人能做什么、存在什么问题、她的对手怎么样等问题都了如指掌。

为了激励球员，还得有妙招。郎平的秘密法宝是“小红旗”。“红旗”是有“内容”的，而且分大小。曾经的女排队长惠若琪拦网做得不好，郎平就说：“小惠，今天拦死一个，给一面小红旗！”到里约奥运会的时候，惠若琪终于有了突破，拦网表现出色。郎平说自己也“感动到热泪盈眶”。

除了爱与包容，郎平还认为：“单靠精神不能赢球，还必须技术过硬。”她会挖空心思变换方法来训练，制定非常明确的训练目标、解决方案和训练周期，注重训练的节奏感，并通过大赛来检验、复盘训练成果。鼓励队员从实践出发，去一点点靠近目标。

郎平和女排姑娘们

作为主教练，如何把女排精神传承给队员，激励并感染她们？郎平的答案是，“不断启发她们，不断用我们的大目标去激励她们。”

在郎平看来,学习“女排精神”是非常具体的,即“在每天的训练中,在遇到各种困难时战胜自我”。在这个过程中,要让年轻的队员们看到什么是女排精神,并思考如何去发扬光大。

郎平说:“很多年轻队员一开始对女排精神的体会也并不深切,但在成长起来的队员们的带领和影响下,在实际的艰苦拼搏中,就会慢慢理解,并将女排精神一代代传承下去。”

“强者有能力面对一切困难。”郎平一直用这句话鼓励自己奋勇向前。

点赞英雄

郎平带出了新女排,也为女排精神注入了新内涵。新时代女排精神把人文理念和科学精神、民族情怀和国际视野、团结协作和个性发展的和谐统一,推向了一个新高度。

5. 他塑造了“张家港精神”

“张家港精神”的塑造者——秦振华 从曾经长江边的“边角料”、荒沙洲,到如今富裕文明,享誉全国,40多年来,苏州张家港完成了自身的华丽蜕变。

这一翻天覆地的变化离不开张家港发展的领路人——原市委书记秦振华。秦振华是“团结拼搏、负重奋进、自加压力、敢于争先”的“张家港精神”的塑造者,被党中央、国务院授予“改革先锋”称号,被中宣部、中组部誉为“最美奋斗者”。

今日张家港

1936 年出生,1951 年参加工作的秦振华,是地地道道的张家港人。他概括自己一生中幸运地经历了“两次机遇两次拼搏”:第一次是 1978 年,出任杨舍镇党委书记,适逢党的十一届三中全会召开,他一干就是 14 年,把一个落后的乡镇拼搏成了苏州市乡镇“八颗星”典型中的第一块牌子。第二次是 1992 年,恰逢邓小平同志发表南方谈话。在秦振华的带领下,张家港的经济实现了跨越式发展,一跃成为享誉全国的“明星城市”。

“干工作就要争第一,没有争第一的勇气,第二、第三也争不到。”这是秦振华的口头禅。1992 年,接任张家港市委书记的秦振华提出“工业超常熟、外贸超吴江、城市建设超昆山,各项工作争第一”的目标。

在秦振华看来,要实现“三超一争”,就要利用张家港黄金水道、临江达海的优势搞发展。当时全国不少港口都在申请国家级保税区,张家港港口防风避浪、不冻不淤,是建码头、发展保税区的天然良港,自然不能落下。然而,远离城区、缺少配套基础设施等不利因素,使得张家港在申报保税区的竞争中,起跑线就比别人落后了一大截。秦振华说,最终抱回保税区这块金字招牌,关键在一个“抢”字。

3 个月内,4.1 平方千米 1 284 户人家拆迁完毕,6 个月完成了区内“五通一平”,9 个月保税区封关运行,一年内就把事情都完成了。秦振华带头,用令人惊叹的“张家港速度”,让国内首个内河型保税区成功落户。

1992 年,秦振华带着张家港市“一班人”前往广东取经,回来后,他就提出“大路大发、小路小发、无路不发”的口号,决定修建双向 8 车道的张杨公路。

秦振华说:“算的是大账,看到的是大局,只要有利于发展,有利于事业,有利于百姓,我们就要大胆干、大胆闯。”

克服了资金短缺、工程量大、施工难度高等困难,短短一年时间,张家港就完成了全国县级市第一条高等级公路。此后,张家港又抢先引进韩国浦项、美国陶氏、德国毛纱等一批世界 500 强企业。到 1994 年底,张家港在经济总量、税收入库、外贸出口、外资引进等方面,都在苏州各县市中领先,并取得多项全国第一:全国第一个长江内河港口开发权、全国第一个内河型国家级保税区、全国第一个实施城乡社会保障统筹……

秦振华和少先队员们一起

“口袋”富了不算富，“脑袋”富了才真富。秦振华倡导“一把手抓两手”，将精神文明建设与经济社会发展同步规划、部署和落实，实现思想、道德风尚、文化、民主法制和社会公共事业五大建设并重。

1995 年，全国精神文明建设经验交流会在张家港召开，“张家港速度”“张家港经验”“张家港精神”享誉全国。如今，“张家港精神”已成为张家港市薪火相传、生生不息的城市之魂、力量之源。

晚年的秦振华把宣传“张家港精神”、推动区域经济协作作为“新战场”，赴全国各地作了 400 多场义务报告。

点赞英雄

秦振华在机遇面前奋斗拼搏，咬定目标不放松，是贯彻执行党的路线方针政策的绝对坚定，是对党的改革开放事业的绝对忠诚，反映出一名共产党员的纯粹品格和无畏担当！

四、他们是国家科技最高奖获得者

1. 赫赫而无名的人生

“国家最高科学技术奖”获得者——黄旭华 黄旭华，中国第一代核潜艇总设计师、中国工程院院士、中国船舶重工集团公司第719研究所名誉所长。

黄旭华上小学时，正值抗战时期，家乡饱受日本飞机的轰炸。这位海边少年就此立下报国之愿。“我本是想学医的，因为父母都是医生，后来事情逐步发生了改变。我小学毕业时抗战爆发，学校基本都停办了。那时我就想，长大了一定要为国家尽点儿力。”黄旭华曾这样透露自己的成长经历。

高中毕业后，黄旭华同时收到航空和造船两份录取通知，最后他选择了造船。20世纪50年代后期，中国决定组织力量自主研制核潜艇。1958年，黄旭华调到北京海军，任核潜艇研究室副总工程师。此后30年时间，他的家人都不知道他在做什么，黄旭华的父亲直到去世，也未能再见到他一面。直到1987年，他的母亲和9个兄弟姐妹及家人才

黄旭华

了解他的工作性质。

黄旭华隐姓埋名，为中国发展核潜艇事业奋斗一生。从1970年到1981年，中国陆续实现第一艘核潜艇下水、第一艘核动力潜艇交付海军使用、第一艘导弹核潜艇顺利下水，成为继美、苏、英、法之后世界上第五个拥有核潜艇的国家。

1983年，黄旭华被任命为第一代核潜艇的总设计师。

1988年初，核潜艇按设计极限，在南海做深潜试验，黄旭华下潜水下300米。水下300米，核潜艇的艇壳每平方厘米要承受30公斤的压力。黄旭华指挥试验人员记录各项相关数据，并获得成功，成为世界上核潜艇总设计师中下水做深潜试验的第一人。

2019年1月10日上午，2019年度国家科学技术奖励大会在京召开，中国第一代核潜艇总设计师黄旭华院士获国家最高科学技术奖。

对于自己的成绩，黄旭华表示："我再三讲过，中国的核潜艇是全国大力协同的产物，是集体智慧的结晶。我仅仅是其中的一个成员，按照组织分工，站在自己的岗位上，跟大家一道完成上级交给我的任务而已。功劳是大家的，荣誉属于集体。"

点赞英雄

隐姓埋名，荒岛求索，深海求证，他和他的同事们让中国成为世界上第五个拥有核潜艇的国家，辽阔的海疆从此有了护卫国土的中国"水下移动长城"。

2. 与天打交道的科学巨匠

"国家最高科学技术奖"获得者——曾庆存

曾庆存出生在广东省阳江县（今阳江市）一个贫困的农民家庭。曾庆存认为自己的启蒙老师"毫无疑问是自己的父亲"。没正式读过书的父亲深知读书的重要性，他让两个儿子一边务农一边读书。在父亲的教导下，这个家庭培养出两位科学家：一位是曾庆存，另一位是他的哥哥曾庆丰——我国著名地质学家。

1952年,曾庆存考入北京大学物理系。中华人民共和国成立之后,中国急需气象科学人才,学校安排曾庆存改学气象学专业,曾庆存毫不犹豫地答应了。

大学毕业后,曾庆存被选派进入苏联科学院应用地球物理研究所学习,师从著名气象学专家基别尔。到了苏联之后,曾庆存学习极其认真刻苦。他发现自己在国内所学的知识跟别人比还差了一大截,数学水平不行,物理基础不牢,底子比较薄。但是他不服输,而是加倍努力。一本书的第一页他要读几天才能明白,他努力"啃"书本,把第一章的知识学懂,这样后面才能学得越来越快。

曾庆存到中央气象台实习时,看到气象员们废寝忘食地守候在天气图旁,分析判断,发布天气预报。但由于缺少精确计算,相当多的分析判断还是凭借经验。这样的一幕促使他不断地思考:怎样才能提高天气预报的准确性呢?

"我后来想到,何不化繁为简,隐去对方,先各自计算气象参数,再加以整合?"在导师的指导下,曾庆存开始全力攻坚。那个年代,计算机在苏联也是稀缺宝贝,曾庆存每天只有10个小时的上机时间,而且还只能在深夜。于是,他就白天用纸算,晚上带着纸条去上机,一万多行程序,一条条验证。

就这样,1961年,曾庆存首创"半隐式差分法",在国际上首次成功求解大气斜压原始方程组,画出了世界上第一张用原始方程组绘成的天气预报图。从此,气象监测从单纯的“站点监测”变为包含气象卫星遥感的全球监测，气象预测从经验预报发展到数值天气预报。他的算法至今仍是世界数值天气预报核心技术的基础。

曾庆存

1974 年，曾庆存发表长达 30 万字的专著《大气红外遥测原理》，为利用卫星进行气象监测打下了理论基础。直到今天，这一理论都没有过时，确保我国的气象遥感技术处于全球领先的国家行列。

曾庆存认为，预测未来一个月、一年，甚至几十年的气候，关系到国民经济建设的方方面面，如夏季洪涝、冬季雾霾、农业规划、能源布局等，在全球气候变暖的背景下，气候预测愈显重要。

2009 年，曾庆存与其他科学家萌生了建立“地球模拟器”的想法。在数百位科学家的共同努力下，国家重大科技基础设施“地球系统数值模拟装置”于 2018 年在北京市怀柔科学城破土动工，预计 2022 年完工。这个装置将为国家的防灾减灾、应对气候变化、生态环境治理、可持续发展等提供科学支撑。

大气物理所曾经举办过一场题为《气象预报的过去、现在与未来》的讲座，曾庆存是主讲人。85 岁高龄的他全程站立，告诉在场的 200 多名小学生我国气象预报的发展和成就，并回答了孩子们的提问。“从他们好奇的目光中，我看到了未来我们国家气象事业发展的希望。”曾庆存深受鼓舞。

2019 年度国家科学技术奖励大会上，人民大会堂内掌声雷动、星光璀璨，中国科学院大气物理研究所研究员曾庆存院士获国家最高科学技术奖。

“堂堂七尺之躯，有骨头，有血肉，有气息，喜怒哀乐，激昂与敬慕，成功与挫败，苦难与甘甜，人皆有之，我也一样，老百姓一个。”这是曾庆存的自述。

事实也是这样。有一次，曾庆存到北京友谊宾馆参加国际会议。车门打开，先出来一顶破草帽。门卫悄悄地打听，得知这是一位“国际著名科学家”后，大吃一惊。部下们也经常偷偷笑称曾老，总是“鞋儿破，帽儿破”：“夏天在中关村，如果见到一个戴破草帽的老头，十有八九就是他。”

点赞英雄

今天，打开手机，你就能知道几天后的天气。如此便利、精准的预报，离不开曾庆存创造的算法。

这位经常戴着破草帽的老者，是世界上享有极高知名度的科学家，在大气科学领域取得了一系列令人瞩目的成就；在卫星气象遥感理论、数值天气气候预测理论、气象灾害预测和防控调度问题以及地球系统模式方面，都做出了杰出贡献，同时也为国际学术交流的繁荣做出了重要贡献。

五、他们是全军挂像英模

1. 从士兵到将军

“全军挂像英模”——杨业功 1999年10月1日，为庆祝中华人民共和国成立50周年，一场盛大的世纪大阅兵在北京天安门广场隆重举行。三军列阵，枪刺如林，当中国人民解放军第二炮兵的受阅方阵整齐威武地行驶过天安门前时，一枚枚新型导弹展现着大国“利剑”的气势，聚焦着全世界的目光。

在前方的指挥车里，一位气宇轩昂的军官身姿笔挺地行着庄严的军礼，他就是此次第二炮兵受阅方队的大队长——杨业功。

杨业功，出生于湖北应城，他的家乡曾涌现出大批革命烈士。从小听着先烈革命故事长大的杨业功给自己立下了一个目标——长大后一定要去参军。

1963年8月，18岁的杨业功如愿以偿，成为中国人民解放军的一员。他全身心投入到新兵训练之中，很快就从新兵中脱颖而出，被评为“五好战士”“红旗手”。

20 世纪 90 年代初,党中央、中央军委命令组建中国第一支常规导弹部队。经过党委决定,这个艰巨的任务落到了时任第二炮兵某部副参谋长杨业功的肩上。

刚上任的杨业功所面临的情况可谓“白手起家”,但他并没有退缩。为了节省经费,他把地方废弃的厂房车间作为部队的营房。并且带着十几名集训队员奔赴全国各地导弹生产厂家和科研所,挨家挨户请教、学习。

白天,他们在车间给师傅们打下手,将一张张图纸、一串串数据记录下来,晚上再一点一滴地做好工作笔记。就这样,杨业功带着队员们跑遍了大江南北,编写出了一套专业教程。

杨业功

1993 年 11 月 23 日,杨业功和他的队员们终于等来了新型导弹试验发射。这一天,在中国西北的戈壁滩上,一枚新型导弹犹如一把银色长剑,静静伫立在导弹发射车上。随着一声“点火”的口令,导弹拔地而起,升入高空。没过多久,“导弹准确命中靶区”的消息从末区靶场传来。一时间,戈壁滩上欢声四起。

阵地是导弹部队的根基，杨业功每年有100多天到部队检查指导，每个新建的阵地都由他勘察、选点。

对于自己心心念念的导弹事业，杨业功总是这么“较真”，有人劝他不要那么死板，他却回答：“我干的就是较真的事儿。”

杨业功的一句名言在部队广为流传：“天下虽安，忘战必危。军人不思打仗就是失职！”杨业功对部队反复强调的，就是要树立随时准备打仗的意识和提高打赢的能力。

2000年，某旅在基地率先提出每月实施全系统、全要素、全员额、全程序、全装备拉动训练。对这一前所未有的创新之举，不少人忧心忡忡，认为“五全”训练动用装备多，风险太大，如果出现问题，谁都难以承担责任。杨业功得知后，当即表态：“只要有利于战斗力的提高，就要大胆地干，绝不能为保安全降低训练标准。作为一支部队，在提高战斗力上消极保安全，对于国家来说就是最大的不安全。‘五全’训练可以搞，有责任我来负！”

将军的激励是对部队最有力的导向。全旅官兵士气大振，不仅没有减少训练内容，反而增加了训练的难度和强度，使训练真正实现了与实战相结合，部队的实战能力大大提升。后来，这一做法在第二炮兵得到全面推广。

杨业功平时非常重视新型导弹部队的人才培养，他常说，没有装备打不了仗，有了装备没有人才也打不了仗。他提出了循序渐进培养操作指挥员的建议，这一方法使基地所属部队的连队干部绝大多数成为技术骨干，不少人还是优秀的操作指挥员。

杨业功在基层连队

杨业功还提出，在担任指挥员前，要先过技术关，先担任主要操作号手，在主要号位上操作熟练后再通过考核选拔指挥员，这样也就能达到指技合一的要求。与此同时，他还提出了资格论证、持证上岗、岗位互换等多种培训手段。通过这些措施，强化了导弹操作指挥员的专业知识学习和实装操作训练，使指挥员基本具备了会指挥、能把关、能排除一般故障的能力。

2003 年 11 月 2 日，因为长期积劳成疾，杨业功突然晕倒在课堂上，被紧急送往医院，却不幸被确诊为癌症晚期。住院期间，杨业功每天强忍着疼痛，大口大口地吞咽着饭菜，为的就是能让自己早日康复，回到他热爱的工作岗位上。

2004 年 7 月 2 日凌晨 3 点 50 分,杨业功因积劳成疾,带着他未竟的事业,走完了 59 年的壮丽人生。

点赞英雄

杨业功离世之后,他当年一手组建的导弹旅成功完成了第二百次发射。25 年前,杨业功带着这支队伍庄严宣誓:"时间作证,青山作证,历史选择了我们,我们绝不会辜负历史。"25 年后,他们兑现了自己的誓言,成为新时代中国火箭军中的一支精英锐旅。

2. 永不凋谢的马兰花

"献身国防科技事业杰出科学家"——林俊德 林俊德,我国爆炸力学与核试验工程领域著名专家、中国工程院院士、某基地研究员。享年 75 岁。

相信很多中国人都是第一次听说林俊德这个名字!他是一位将军,更是一位院士。他一辈子隐姓埋名,52 年坚守在新疆罗布泊一个叫马兰的地方,参与了中国全部 45 次核试验任务!

在那激情燃烧的岁月里,林俊德和战友们每天都在拼命工作,每天都在和时间赛跑,每次核试验都创造了惊人的

“中国速度”。

林俊德

我国第一颗原子弹爆炸试验，林俊德被指定为“核试验冲击波机测仪器研制小组组长”；我国第一颗氢弹爆炸试验，林俊德再次临阵受命，在零下 20 ℃的罗布泊日夜奔波，研制、试验新一代高空压力自记仪；地下核试验，林俊德和战友们背水一战，为地下核试验安全论证和工程设计提供了宝贵的数据……

大漠铸盾，功在千秋。从 1964 年我国第一颗原子弹爆炸，到 1996 年我国进行最后一次地下核试验，林俊德参与了全部核试验。

在原子弹爆炸蘑菇云升腾的辉煌瞬间，有一个经典画面广为人知——人们纷纷跳出战壕，将帽子抛向空中，相拥而庆。

然而，更打动人们的，则是另一个鲜为人知的场景——当蘑菇云还在不断向上翻滚时，穿着防护服的科技人员已无所畏惧地向烟云开进，搜寻记录此次爆炸数据的设备。在那些义无反顾的身影中，就有他——林俊德！

回忆当时的情景，他多年的同事说：“那种情况就是上战场，根本顾不上个人生死。”

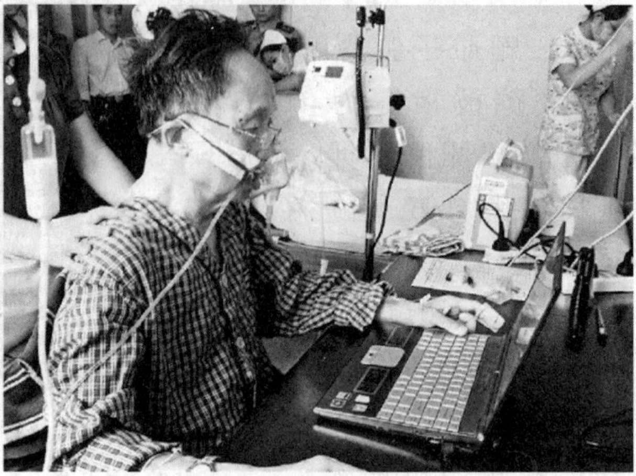

重病中仍然坚持工作的林俊德

那时，林俊德只有 26 岁。从走进罗布泊的第一天起，他就把这里当成了家，在大漠深处扎下了根。

深夜，月光如水，星斗满天。寂静中，一个苍老、沙哑的声音在房间里缓缓流淌——“马兰精神很重要，艰苦奋斗、无私奉献，希望大家继承马兰精神……我本事有限，但是尽心尽力……”

细细倾听，泪水顺着战友们的脸颊不住地流淌——手机里播放的这段录音，是林俊德院士临终前一晚留给大家的遗言。

163 个字——这是一位共产党员、共和国院士在生命最后一刻的述职。

102 秒——这是一位驰骋科研沙场的老兵与战友们的最后话别。

这一刻，是 2012 年 5 月 31 日 11 时 09 分。在生命的最后一天，林俊德仍强忍着剧痛，坚持伏案工作长达74分钟！

临终前，林俊德再三叮嘱："死后将我埋在马兰"……

点赞英雄

没有豪言壮语，没有热情的颂歌，隐姓埋名，无怨无悔，任岁月染白了青丝，任风霜催老了容颜在西部戈壁，在大山深处，在无人知道的角落，林俊德将军用生命的光和热，为共和国创造出太阳和惊雷！

3. 为了祖国的蓝天

"人民英雄"——张超 张超，舰载战斗机飞行员，在一次执行任务时突遇空中险情，果断处置，尽最大努力保住战机，被迫跳伞，不幸壮烈牺牲，年仅29岁。

★冲着英雄而来

从儿时起，张超就对天空充满了向往。成为一名飞行员的想法，在他14岁时变得前所未有的强烈。

那是2001年，发生在南海的中美撞机事件中，"海空卫士"王伟英勇牺牲，举国上下悲痛不已。当飞行员，成为张

张超

超和许多像他一样的热血青年的共同心愿。

17 岁那年，张超终于如愿以偿。2009 年，经过 5 年的培养和训练，张超迎来毕业时刻。作为一名优秀毕业生，他有相当大的把握留校任教，但他坚决要求到一线作战部队，到王伟战斗过的地方，做一名战斗员。

初次见面，团长问张超“为什么来”，张超脱口而出：“我是冲着英雄王伟来的。”

沿着英雄的航迹，张超驾机起飞，实现了一次又一次自我超越。

2010 年，改装歼—8，张超成为全团 6 名“尖刀”队员中最年轻的一员；时隔两年，改装新型三代战机，张超又是同批飞行员中首个单飞的，并提前 4 个月完成改装任务，刷新多项纪录。

张超越飞越勇，越飞越好，更加广阔的蓝天，正向他敞开怀抱……

★生死的瞬间选择

“舰载机飞行，是世界上公认的最危险的飞行，你愿不愿意来？”

“我知道危险，但就是想来。”

那一年,中国海军决定选拔舰载战斗机飞行员。张超第一时间报了名。

2015 年 3 月,张超成为当时中国海军最年轻的舰载战斗机飞行员,开启了飞向航母的“加力模式”。加入舰载战斗机部队 1 个月,他完成了理论改装;6 个月,他追平了训练进度;10 个月时,他第一次驾驶歼—15 飞机飞上蓝天;截至 2016 年 4 月,张超已经完成上舰前 93.24%的飞行架次,所有课目考核成绩都是优等。

2016 年 4 月 27 日,一个寻常的飞行日,也是张超加入舰载航空兵部队第九十个飞行日。

12 时 59 分,张超驾驶 117 号歼—15 飞机,进入着“舰”航线。

中国歼—15 舰载战斗机

就在战机刚刚滑行 2 秒钟时，突发电传故障，张超跳伞落地，由于弹射的高度过低、角度不好，张超被重重地摔在了跑道旁，壮烈牺牲。事后的落地检查记录表明，在生死瞬间，张超放弃了第一时间跳伞，而是全力推杆到底，尽全力挽救飞机——这一瞬间是 4.4 秒。

这一天，年仅 29 岁的他来不及给年迈的父母、亲爱的妻子、两岁的女儿留下一句话，便匆匆地走了……他的精神，始终与中国航母舰载机事业同在！

点赞英雄

张超走了，战友们意识到：张超经常面带微笑的背后，是如山一样的坚强。

张超，我国航母舰载机事业中牺牲的第一位英烈，他用生命生动展现了新一代革命军人有灵魂、有本事、有血性、有品德的时代风采和使命担当！

六、他(她)们是感动中国人物

1. 捐赠千万的军中“居里夫人”

捐赠千万的军中“居里夫人”——马旭　2018 年，武汉一位退休老人马旭向家乡哈尔滨木兰县教育局捐赠 1 000 万元。这笔巨款，是马旭与丈夫一分一毫几十年积攒而成。他们至今生活简朴，住在一个不起眼的小院里。

马旭是驻湖北黄陂原空降兵 95942 部队离休干部。1932 年出生于黑龙江省哈尔滨市木兰县，1947 年参军进入东北军政大学吉林分校。她和战斗英雄黄继光在同一个师，并多次立功受奖。

回国后，马旭被保送到第一军医大学学医。1957 年被分配到 15 军 45 师，成为一名野战军医。马旭是中国第一名女空降兵，20 多年间，她跳伞 140 多次。创造了三项中国之最——第一个跳伞女兵、跳伞次数最多女兵、实施空降年龄最大女兵。

1983 年 4 月，马旭和丈夫颜学庸(军医)研制出了

马旭、颜学庸夫妇

“充气护踝”，可使跳伞着陆时的冲击力减半，扭伤情况接近为零。此项技术于1989年获得国家专利，是中国空降兵获得的第一个专利。马旭和颜学庸还撰写了《空降兵生理病理学》《空降兵体能心理训练依据》，填补了中国在这一方面的空白，被外国专家称为中国军中的“居里夫人”。

马旭用她高贵的简朴、倔强、奉献精神，诠释着一名共产党员的爱国精神！

点赞英雄

少小离家，乡音无改，曾经勇冠巾帼，如今再让世人惊叹；以点滴积蓄汇成大河，灌溉一世的乡愁。你毕生节俭只为一次奢侈；耐得清贫，守得心灵的高贵。

2. 云端上的忠诚信使

雪路上的邮递员——其美多吉 春节将至，凛冽的寒风横扫川西高原，56 岁的其美多吉和往常一样驾驶着邮车，走上了世界上海拔最高、路况最复杂的川藏线，往返于甘孜县与德格县之间。

这条云端上的“天路”被称为“雪线邮路”，承担着四川进藏邮件的转运任务。其美多吉就是这条邮路上驾驶邮车的人，而且一走就是 30 年。30 年来，其美多吉每月不少于 20 次往返，累计行车 140 多万千米，圆满完成了每一次邮运任务。

其美多吉在雪路上

最危险的路段是翻越雀儿山。雀儿山海拔高，常常是山下风和日丽，山上却雪花飘飘，路面霜冻冰结。经常有驾驶员在这条路上被大雪围困，有人甚至被困过整整一个星期。被困在山上时，又冷又饿，寒风裹着冰雪碴子，像小刀刮在脸上，手脚冻得失去知觉，衣服冻成了冰块。2000 年 2 月，其美多吉和同事顿珠在山上遭遇雪崩，进退无路，两人用加水桶、铁铲等工具一点儿一点儿铲雪，不到 1 000 米的距离，整整走了两天两夜。

满载的邮件就是继续走下去的使命。30 年来，其美多吉没有在运邮途中吃过一顿热乎饭，只在家里过过 5 个除夕，两个孩子出生时，他都在运邮路上。其美多吉戏称："邮车就像是我的第二个妻子。"

其美多吉常说，和自己最亲的除了家人和同事，就是雪线邮路沿途的道班兄弟们。邮车除了送信，还会给沿路的道班工人带去蔬菜和肉类。对于坚守雀儿山 23 年的莫尚伟、黎兴玉夫妇来说，"他是信使，更是亲人"。

雪线邮路的幸福使者——其美多吉

随着网购的兴起，高原上的邮件包裹越来越多。"从前，邮车总是运进来的东西多，运出去的东西少。"这几年，党和国家的富民政策来到藏区百姓身边，精美藏经、藏医藏药、高原上的土特产,都通过邮车走出藏区乡村,“工业品下乡、农产品进城”趋势愈加明显。原本5吨载量的邮运车,已升级为12吨,甘孜县到德格县间每天两辆邮运车,都是满载运行。

其美多吉说,雪线邮路上的30年,见证着祖国对藏区的巨大扶持,每当老百姓看到邮车,就知道党和国家时时刻刻关心着这里。一个人的邮路是寂寞的,也是孤独的,但这是他的人生选择,从来没有后悔过。

“雪线邮路,我一生的路。”他说。

点赞英雄

三十忠诚风与雪,万里邮路云和月。雪山可以崩塌,真正的汉子不能倒下。雀儿山上流动的绿,生命禁区前行的旗,蜿蜒的邮路是雪山的旋律,坚强的其美多吉,你唱出了高原上最深沉的歌!

3. 人民的樵夫

“人民的樵夫”——廖俊波 廖俊波,福建浦城人,曾任福建省南平市委常委、常务副市长。2017年3月18日傍晚,廖俊波在出差途中遭遇车祸,经抢救无效因公殉职,年仅48岁,被授予“全国优秀共产党员”“时代楷模”称号。

2017 年 3 月 24 日，是廖俊波出殡的日子。他家楼下的路上，送别的人群将前后数十里的街道挤得水泄不通；遗体告别仪式上，来自各地的哀悼电信络绎不绝。在他离开后，怀念他的声音依然此起彼伏。

廖俊波

廖俊波给自己的微信昵称取名为“樵夫”。这个看似相貌普通的“砍柴人”，到底拥有着怎样的魔力，竟如此令人念念不忘，如此深得人心，声名远扬？

“他就像个画家，在一张白纸上能画出美不胜收的图画；他就像个魔术师，总能在困境中拿出令人意想不到的新招；他就像个救火队长，哪里有急难险重任务，哪里就有他的身影。”这就是廖俊波特有的魔力，走到哪里，哪里就会大变样。

1998 年，廖俊波任福建省邵武市拿口镇党委副书记、镇长，摆在他面前的第一个任务就是百年不遇特大洪灾的灾后重建。他挨家挨户探访情况，很快就把受灾的几百户都走了个遍。农民吴炳贤不小心砸伤了腿，眼睁睁看着别人盖房干着急。廖俊波得知后，多次上门看望，并帮他出钱请人代建房。1999 年春节，包括吴炳贤在内的 500 多户居民，在新房里高高兴兴地过了新年。

廖俊波对群众充满感情，始终惦记着群众的冷暖安危。

在政和县工作的几年,全县贫困人口减少了3万多人,脱贫率达69.1%。他把群众当亲人,用心用情为群众办实事、解难事,短短4年,政和县山乡巨变,一个全新的生机勃勃的政和展现在人们面前。

左一为廖俊波

2007年,廖俊波赤手空拳赴浦城县负责筹建工作,一起赴任的只有副主任和司机。面对一片待开发的山包,没有规划,他找规划单位来做规划设计;没有土地,他与县委县政府沟通协调征地拆迁;没有基础设施,他带领大家建路、挖沟、排水……

为了招商引资,4年间,他驱车36万千米,常年奔波在浙江、广东等地,完成征地7 000多亩,招商引资签约项目51个,开工项目23个,总投资28.03亿元。浦城人惊呆了,直呼廖俊波创造了奇迹!

曾几何时,政和县没有高速公路,没有市民广场,没有文化中心,没有像样的桥梁,甚至没有红绿灯、斑马线。2011年6月至2016年4月,廖俊波担任县委书记期间,将政和县城的城镇化率从31%提高到46%,迎宾大道建起来了,主街改造好了,政和广场、文化中心投入使用了,9座市政桥梁竣工了,宁武、松建高速公路通车了,25年高考没有人考上北大、清华的历史结束了,过去连想都不敢想的工业园区已经开发完毕3 600亩了!

“家乡变样了!”那时候,从政和出去打工回家的人一下高速便下车仔细观望,感叹家乡的模样焕然一新。

在政和县居住的张承富老人家门口,贴着一副对联:“当官能为民着想,凝聚民心国家强。”横批是“俊波你好”。这位71岁的老人家门口,是一条河,附近住户一直筹划自建一条栈道以便出行,但因为资金问题,迟迟未能如愿。2015年5月,老人抱着试试看的想法找到了廖俊波。廖俊波当场召集有关部门负责人研究,并将修栈道列为民心工程。2016年6月,栈道终于修通了,老人写下这副对联,贴在门上,再也没揭下。

点赞英雄

廖俊波,把忠诚干净融入灵魂,把责任担当扛在肩上,把群众冷暖放在心窝,把修身律己镌刻脑海,用实际行动诠释了公仆情怀,用生命践行了“忠诚、干净、担当”,在百姓心中树起了一座共产党员的丰碑。

4. 乡村教育的守望者

“乡村教育的守望者”——张玉滚　担起乡村教育未来的“80后”教师张玉滚,十几年如一日,坚守大山深处,只为改变山里娃的命运,托起大山中的希望。张玉滚虽然收入微薄,但17年资助学生多达300多名。他所从教的黑虎庙小学,因交通困难,每学期的课本都是他靠着肩上的一根窄窄的扁担挑进大山。而这一挑,就是5年。

面对山里学校缺少教师的现实,张玉滚不得不把自己练就成语文、数学、英语、品德、科学样样精通的“全能型”教师。他扎根黑虎庙小学17年,先后教过500多名孩子,培养出16名大学生,还资助过300多名贫困学生,没有让一个孩子失学。

17年来,最让张玉滚牵挂的永远只有他的那群孩子。“不耽误一节课,千方百计上好每一节课”,是张玉滚给自己定下的“铁律”。有一次,天还没亮,张玉滚骑摩托车到高丘镇中心校开会。当时山上起了大雾,在一个急转弯处,摩托车刹车失灵,撞上一块大石头,张玉滚摔晕过去,差点儿掉下悬崖。在医院住了没几天,他就急着赶回学校,在妻子的

张玉滚在上课

搀扶下站上讲台。“上课——”望着讲台上头裹纱布的张老师，憨厚朴实的山里娃喊出“老师好”后，禁不住哭成一片……

大山外的世界很大很精彩，张玉滚却始终难以挪开他的脚步。张玉滚希望有更多的人能够关注大山里的孩子，而他更愿意做一轮明月，守望着这片希望之花，照亮山村孩子走出大山的路。

点赞英雄

扁担窄窄，挑起山乡的未来；板凳宽宽，稳住孩子们的心。前一秒劈柴生火，下一秒执鞭上课。艰难斑驳了岁月，风霜刻深了皱纹。有人看到你的沧桑，更多人看到你年轻的心。

5. 和农民“一块苦，一块干”

“最美奋斗者”——赵亚夫　赵亚夫是一名有着50年党龄的老党员。50多年来，无论在什么工作岗位上，无论担任什么职务，他始终心系农民，常年奔波在田间地头，一辈子没有离开过农村。

★ 奉献农民很有意义

1961年，20岁的赵亚夫从宜兴农林学院毕业后，分配到镇江农科所工作。当时农村贫穷落后的面貌深深地刺痛了他的心,激发了他投身农业科技的责任和改变农村面貌的志向。

他先后在武进、丹阳、宜兴等地蹲点7年,为农民提供技术指导服务。苏南丘陵山区最贫穷、最落后、农民最需要的地方,都有他忙碌的脚步和奋斗的身影。

1963年春天的一个晚上,看完电影《雷锋》,赵亚夫被雷锋精神深深打动,被共产党员的高尚品质所感染,对党更加崇敬,更加向往,坚定了为党工作、奉献农村的决心,连夜向党组织郑重地递交了入党申请书。

1993年,赵亚夫当选镇江市人大常委会副主任,可他割舍不下乡土情怀,坚持到农村去,到基层一线去。

2001年,从领导岗位退下来,本可以颐养天年,但看到茅山老区还没有脱贫,农民还没真正富裕起来,赵亚夫不顾疾病缠身,坚持到贫困落后的戴庄村工作,努力让一个最穷的村实现了真正的小康。

十多年里,赵亚夫与农民一样在地里摸爬,做给农民看、带着农民干、帮助农民销、实现农民富。在他的带领下,如今的茅山老区已是田野风光如画,村民安居小康。

★ 乡村泥土十分厚实

赵亚夫始终把农民当亲人,把农民的小康梦当作自己的梦,把致富农民作为毕生的追求。他常常说:“我和农作物打了一辈子交道,农作物不会说话,却是最老实的,只要认真对它，它就会显示自己的生长规律，掌握了这些规律，播种就会有收获。”为此，他在农业科研领域孜孜不倦地探索着。

1982年，赵亚夫赴日本学习水稻种植技术。为尽快把先进技术学到手，他每天学习、工作超过16个小时。从日本回来时，他用节省下来的外汇换回13箱农业书籍资料和20棵宝贵的原种草莓苗，无偿对农民进行技术培训并提供种苗服务，带出了一大批万元户，帮助农民盖起了一幢幢“草莓楼”。

此后，赵亚夫又24次赴日，引进并示范100多项新技术，推广运用科研成果30多项，编写农民科技读物多达百万字，每年免费为农民上辅导课100多场，累计培训农民达30万人次。此外，赵亚夫多次带领农民和科技人员去国外学习先进农业技术，手把手培养出10多名全国、省、市劳模，组建了省内一流的农业科技服务团队。

赵亚夫在田间

赵亚夫引进了一个个品种，攻克破解了一个个难题。老区农民的增收渠道越来越宽。在他的帮助下，发展起来的百万元户、50万元户、10万元户不计其数。“要致富，找亚夫，找到亚夫准能富”在茅山老区广为流传。

2008年汶川地震后,赵亚夫主动请缨,支援灾后重建工作,建成江苏援川农业示范园,成为东部支援西部的成功案例,得到了“要想四川富,留住赵亚夫”的赞誉。他帮助上百万农民脱贫致富,却始终坚持不收指导费用、不搞技术入股、不当技术顾问的“三不”原则,从没收过农民一分钱,生动地诠释了共产党人清正廉洁的政治本色。

★ 心底无私才能坦荡

赵亚夫在科研院所长期担任领导干部,主持、经手的科研经费数以千万计,但他从未谋取过一分私利。赵亚夫常常告诫自己,不该拿的一分都不能拿,不该争的一分都不能争,要做一个光明磊落、无私坦荡的人。

在担任农科所所长时,组织上帮他改善住房,安排他住联栋小楼,他却主动让给了一位退休老专家,自己则住进一般科技人员的住房。他的妻子在农科所从事畜禽研究,每天扫猪圈、放鹅,工作很辛苦。有人跟她讲:“叫所长帮换个工作吧!”她回答说:“他这个人是绝对不会这样干的!”

赵亚夫没有利用手中权力照顾妻子和家庭,却想方设法帮助了不少科技人员和农场工人。几十年来,赵亚夫就是这样坦坦荡荡地走过,心中没有任何挂碍,总是充满感激、快乐和欣慰。

点赞英雄

赵亚夫扎根老区，坚持“把论文写在大地上”，和农民一块苦，一块干，给16万农民带来200多亿元直接收益，带领群众走上脱贫致富的小康之路，践行了一个共产党员的信仰、一个农业科技工作者的担当，不愧为时代的楷模！

6. 伟大慈母 旷世奇爱

博大的慈母之心——阿尼帕 新疆维吾尔族老人阿尼帕·阿力马洪和丈夫阿比包（去世）共养育了19个不同民族的孩子，其中10个孩子是他们收养的汉、回、维、哈4个民族的孤儿，加上塔塔尔族、乌孜别克族的女婿、儿媳，全家共由6个民族组成。

★“泉水最清，母爱最真”

20世纪60年代初，当时23岁的新疆女孩阿尼帕年轻漂亮，与丈夫、两个孩子，加上因父母去世一起生活的3个妹妹，一家7口人过着虽清淡却幸福的生活。

1963年，他们的哈萨克族邻居夫妇相继去世，撇下了3个半大孩子。适逢自然灾害，家家都是节衣缩食，阿尼帕全家人的生活仅靠丈夫每月47元的工资，多一张嘴就是多一份生活的艰难。然而，生性善良的阿尼帕深知孩子失去父母的辛酸和孤单，没有利益的驱使，没有豪言壮语，只是一种人性最本能的选择，阿尼帕收养了这3个孩子，也注定了她将一生劳苦艰辛。

阿尼帕·阿力马洪

14年后的1977年，阿尼帕又收养了王淑珍兄妹4个汉族孤儿。每每回忆起被领回阿尼帕家第一天的情景时，已届中年的王淑珍总是泪流满面，泣不成声。

那是特别寒冷的一个冬日，11岁的王淑珍兄妹4人在父亲去世后，随母亲改嫁到了回族金学军家，不久，母亲又撒手人寰，兄妹几个便流浪街头。阿尼帕的妹妹在天寒地冻的医院门口发现了饥寒交迫的小淑珍，便将她领回家。小淑珍一进家门，屋里正在玩耍的其他孩子全都捂着鼻子跑了出去，因为小淑珍身上衣服的又破又脏，头上长满了头癣和癞疮，流着散着臭味的脓水，满脸污垢，整个人看上去没有一处是干净的。

看到小淑珍这个样子，阿尼帕心疼地一把把小淑珍揽在怀里，眼泪哗哗地流下来："可怜的孩子呀，要是妈妈看到你这样，会心疼的。"

阿尼帕烧了一锅热水，轻轻地将小淑珍浑身上下搓洗干净，换上暖和的衣服，又给小淑珍做了一盘香喷喷的拌面。为了治好小淑珍头上的头癣和癞疮，从第二天起，阿尼帕每天带小淑珍去医院上药。两个月后，小淑珍长出了浓密的黑发，复原了她那张清秀的脸。就这样，在阿尼帕这个没有丝毫血缘关系的维吾尔妈妈的照料下，王淑珍改变了一生的命运，有了一个温暖的家，一份胜似亲生母亲的爱。

直到现在，人到中年的王淑珍依然留着过膝的长发，她说，是妈妈给了她这头青丝，她要用这长发见证和铭记这份母爱。

1989 年，王淑珍的继父金学军因病去世，留下了 3 个孩子，阿尼帕又义无反顾将这 3 个回族孤儿接到家里。

阿尼帕几乎把所有时间、所有心思、所有爱心都用来照料这一大群孩子。她专门买了一口直径 1.2 米的铁锅，一个特大号的盘子。这个锅被孩子们称作“团圆锅”。他们哪里知道，阿尼帕夫妇从来都是只吃半饱。

就是在那样的年月里，性格开朗、乐观、善于持家的阿尼帕没有被生活的重担压垮，始终对生活充满着信心。夫妇俩省吃俭用，从牙缝里省出钱来让孩子们去上学。孩子们晚上要写作业，家里用不起电灯，阿尼帕就找来破棉絮搓成条，放在羊油碗里点燃照明，让孩子们学习。

★“骏马要看它的眼睛”

从 1963 年收养邻居家三兄弟，到 1994 年 10 月最后一个孩子出嫁，维、哈、汉、回 4 个民族的孩子在这个家里生活、长大，成家、立业，整整 32 年的时间！

32 年对每个人来讲，都是一段漫长的岁月。从 20 岁出头初为人母到年近六旬的老人,阿尼帕含辛茹苦地将这些不同民族的孩子抚养成人。在无限的爱心和有限的力量之间,阿尼帕夫妇从来没有动摇过。在他们的眼中,没有民族,没有亲疏,不论是亲生还是收养,都视为己出。

阿尼帕和她的多民族儿孙们

阿尼帕的亲生小女儿回忆起当年的情景时说,她们兄妹几个当时特别恨妈妈,家里那么穷,干吗还要再收养别人家的孩子呢?尤其是在每年过年时,别人家的孩子都有新衣服穿,他们却没有;过“六一”儿童节时,别人家的孩子可以买好吃的,他们只能带自家做的酸奶和半块馕饼去学校。

有一年,阿尼帕买回来一条花裙子。已上初中的小女儿从来没有穿过新衣服,以为是给自己买的,阿尼帕却给了王淑珍穿。小女儿伤心极了,一天都没吃饭。如今,当了母亲后的小女儿体谅到了妈妈那时的不易——在阿尼帕的心里,每一个都是她的孩子。提起这些事的时候,阿尼帕老人只是一个劲儿地抹眼泪，这泪水是想起过去苦日子的辛酸，也是看到儿女们懂事后的幸福！

被阿尼帕收养的这10个不同民族的孤儿们既是不幸的，又是幸福的，这些孩子们在这个家里重新获得了温暖，10个孩子都让爸爸妈妈给自己起了维吾尔族名字，每一个名字都表达了阿尼帕夫妇的一种爱意和希望，同时又包含着一种承诺。

现在，辛苦操劳的日子都已经过去，孩子们也都全部成家立业。他们有的当干部，有的当工人，有的经商，有的种地，虽然都不在老人身边，但每到过年过节，总会想方设法地赶回来跟老人住几天，唠唠家常。亲生子女们说："不要把我们分成亲生的和收养的，我们都是父母疼爱的孩子。"被收养的子女们也一再坚持："这就是我们的家，维吾尔族妈妈爸爸对我们恩重如山，不是亲生，胜似亲生。"

在青格里河畔这家朴素的屋子里，每天都上演着一幕幕人间温情剧，感动着每一个人。

点赞英雄

中华民族一家亲，同心共筑中国梦，是全体中华儿女的共同心愿，也是全国各族人民的共同目标。实现这个心愿和目标，离不开全国各族人民团结的力量。

阿尼帕夫妇以博大的仁慈之心，创造了人间至真至纯的旷世奇爱。

7. 她像一道光,温暖了别人

“全国孝老爱亲模范”——蓝连青 蓝连青,广西南宁市上林县镇圩瑶族乡镇居民,家庭五代同堂,聚集瑶、壮、汉3个民族。当地村民们提起蓝连青一家,都会竖起大拇指。

2019年9月,蓝连青入选“中国好人榜”,获得第七届“全国道德模范”荣誉称号。

蓝连青动容地说,自己没有轰轰烈烈的事迹,只是用一颗孝心、助人为乐的心去对待生活。她认为,只有让别人感到幸福了,家庭和社会才会和睦。

一家人参加颁奖仪式,前排中为蓝连青

★尽心关爱长辈

蓝连青的奶奶,享年 103 岁,是圩瑶族乡有名的长寿老人。老人在世时身体健康,她总说:“身体好,是托了子孙们的福。”

老人在世时,每天早上,蓝连青总是第一时间来到奶奶房中,照顾奶奶起床穿衣、梳洗、吃喝等。每晚睡觉前,她都要到老人床前探视,确保奶奶安睡后才放心。

提起照顾奶奶,还得说一说“草药”的故事。奶奶自从摔跤骨折后,不能站起来,送到大医院也没治好。蓝连青便按照老中医的指点,到悬崖峭壁上采草药,为奶奶医治。其中最难采的一味药得躺着爬过一道石缝才能摘到,丈夫卢成体形大,进不去,只有体形娇小的蓝连青才能通过。

蓝连青

自小就有恐高症的蓝连青虽然系好了保险绳,但腿还是不由自主地发抖。丈夫心疼地说:“阿妹,算了吧,这药我们不采了!”执拗的蓝连青一心想着让奶奶恢复健康,于是她咬紧牙关匍匐钻行,终于在竭力伸出右手的一刹那,摘得草药。往回爬的时候,疲惫的蓝连青因为过于激动,眼镜磕碰到一条突兀的藤根掉下悬崖。没了眼镜,高度近视的蓝连青只能慢慢摸索而下,惊险的一幕让不远处的丈夫吓出一身冷汗。

蓝连青用细心和温情,一直悉心照顾奶奶,直到2019年1月老人去世。在丈夫卢成看来,他将蓝连青这种慈孝理解为一个字“舍”——舍得付出,关爱长辈。

★用爱支持丈夫

蓝连青的丈夫卢成是瑶山歌艺术团的团长。在事业上,蓝连青是丈夫的好帮手,全力支持丈夫的事业。

瑶山歌艺术团是当地有名的文艺团体,创建者就是蓝连青一家。蓝连青夫妇在闲暇时努力收集散落民间的歌词曲谱、民间故事,琢磨着如何将瑶山歌和瑶族文化发扬光大。经过多方筹备,以蓝连青家族为主要成员的瑶山歌艺术团成立了。

在蓝连青等人的努力下,瑶山歌艺术团名气渐响,打开了广阔的市场,多次参加国家、自治区和市级各类表演,频获大奖,大放异彩。他们用瑶山歌唱响瑶族人的幸福新生活,让越来越多的人认识了瑶族乡,了解了瑶族文化。

★以情帮助邻里

在生活中,蓝连青是优秀的家庭主妇,侍奉老人、教导孩子、料理家务,把家庭照顾得细致入微。结婚多年来,他们夫妻恩爱、热心助人、邻里和睦,是乡里有口皆碑的“模范家庭”。平时,夫妇俩十分注重言传身教,以德育人,两个女儿也懂事孝顺，成绩优异。

蓝连青把对家人的关心关爱延伸到亲朋邻里以及陌生人身上，成就了一种大爱。有这样一件事，邻里至今说起来都称赞不已。街上有一个叫梁伯新的老奶奶，丈夫去世得早，女儿已远嫁，留下老人独自生活，无依无靠。蓝连青知道后，收留了梁奶奶，安顿在自己家里，细心照顾了六七年。后来，梁奶奶另找了居住地，蓝连青还时常去帮助梁奶奶做家务活儿，送些生活用品等，直到老人去世。

点赞英雄

在女儿卢思颖的眼里，妈妈蓝连青所做的事都是平常的小事。难得的是，几十年来，妈妈始终保持着一颗尊老爱老的孝心、助人为乐的热心，这是女儿深感妈妈最可贵和伟大之处。

看着妈妈站在领奖台上，女儿卢思颖热泪盈眶："娇小的妈妈，就像是一道光，温暖别人，照亮了我们。我爱我的妈妈！"

8. 自律自强　为国争光

自律自强的好少年——谢柏庭　浙江省乐清市中学生谢柏庭，参加2019第六十届国际数学奥林匹克竞赛（IMO），拿下满分，获得金牌，为国争了光。

★ 把学习当成乐趣

“我不是橱窗里的人,而是一个很平凡的人,与身边的人一样普通,平平淡淡。”提起所取得的成绩,谢柏庭略显羞涩又不失幽默。

回想起此次参赛前集训时的生活,他说受益匪浅。虽然时间紧、压力大,心里难免有些紧张,但学得很开心,参赛的同学都相互打气鼓励。

“这次出国参加竞赛,我最大的收获是交了好多新朋友。”谢柏庭说。因为平时在学校待的时间多,外出社交有限,所以与陌生人的交流很少。这次去英国参加竞赛,在学习交流中,学到了很多书本上没有的知识,谢柏庭觉得很开心。

★ 没有父母陪伴,独立刻苦

在乐清市知临中学读书的 3 年,因父母在上海工作繁忙,很少来学校,谢柏庭平时都是在老师和同学的陪伴下学习、生活。平时谢柏庭特别注重与老师的沟通,因为老师们有广泛的经验,多交流就是多学习。每当遇到烦心事,他第一个想到的就是老师。

学习中,谢柏庭很注重方法。遇到问题,他会考虑其背后的逻辑和解决困难的关键点和切入点。他说,这样可以挖掘、提升自己的学习能力。和很多学霸一样,谢柏庭也有自己的秘籍——学习笔记本。他在上面清晰地记录下主要的知识点和难点、疑点,构建起属于自己的一套学习体系。

★ 不用人提醒,自律性强

平时,谢柏庭不仅按照学校安排的作息时间规划学习和生活,还会自己制定短期和长期的学习计划。他的桌角张贴着一张与众不同的“表格”,这张表格就是他的一个个“目标倒计时”。

在学习中,一个阶段谢柏庭会制订一张表格,把大目标分解为一个个小目标,然后根据制订的时间表,一个个完成。对于竞赛时间、个人时间、常规学习时间的安排,主要方法是具体问题具体分析。谢柏庭一般会把更多的精力花在弱项上,通过补齐短板,从而达到均衡,这也是他避免偏科的一个方法。

2019 年 7 月,第 60 届国际数学奥林匹克竞赛(IMO),中国队以 227 分的总分,获得团体冠军。

在学习上,谢柏庭有很强的自律能力,不用别人提醒;在生活中,他会将床铺收拾得干净整齐,也懂得劳逸结合。谢柏庭很喜欢帮助同学,每当有同学向他请教,不管是正在答题还是在学习,他都会放下手头上的事,耐心帮助同学分析,直至问题解决。

谢柏庭认为,很多学科都是相通的,只要认真对待,就都能学好。他从小就喜欢阅读,对每一门学科,他都抱有很高的热情,这样学起来就不会累。因为喜欢阅读,他的作文思路清晰、逻辑性特别强,所以读起来有层次感。谢柏庭有时还会很自然地把数学与写作融为一体,如作文段落,自然而然地运用了递进法,使文章文思缜密、脉络分明、主题集中,读起来就有创意和亮点。

谢柏庭兴趣广泛。他喜欢听音乐,喜欢运动,全面发展的他是当今学生学习的好榜样。

点赞英雄

志向是人生的航标。一个人要做出一番成就,就要有明确的志向。人生最重要的志向,应该同祖国和人民联系在一起,这是各种具体志向的底盘,也是人生的脊梁。

自古英雄出少年。谢柏庭和他的小“战友”们刻苦学习,自律自强,奋力进取,为国争光,值得我们学习。

七、他(她)们是扶贫攻坚先进

1. 靠麦秆画起家,带领乡亲致富

刘尊龙是徐州市王老家村人。1998 年高中毕业后,刘尊龙回到家乡务农。2002 年,一次偶然的机会,他接触到麦秆画,从此便与麦秆画结下不解之缘。

2003 年,依靠麦秆画,刘尊龙创办了徐州尊龙艺术品有限公司;为了带动周围乡亲一起致富,2008 年,刘尊龙注册成立了麦秆画手工艺农民专业合作社。

为了达到共同致富的目的,刘尊龙全心全意帮助乡亲们。只要是乡亲们想学习麦秆画制作,刘尊龙都手把手教给他们技术。一些简单的画让乡亲们拿回家制作,制作好后,按照每幅画的价格,刘尊龙付钱收购。这样,乡亲们在家不出门就能挣到钱。同时,刘尊龙还鼓励更多村民以股份制形式加入合作社,一方面让他们学到一技之长,另一方面又让他们通过就

刘尊龙和他的麦秆画

业增加收入。

王老家村位于徐州丰县最西边,处于苏、鲁、皖三省交界处,也是江苏省定经济薄弱村,经济相对落后。2013 年,刘尊龙担任王老家村党支部书记以后,带领王老家村全体党员干群,心往一处想,劲往一处使,使王老家村由贫困落后走向了富裕发展。

为了给乡亲们做好示范,增加脱贫信心,抱团发展致富,刘尊龙带头承包 1 000 亩土地,发展山药种植,先后成立了丰县龙龙有机山药研究所、丰县英龙山药合作社。

为了拓展市场,增加收入,刘尊龙又注册了“丰县山药”商标,制作标准礼盒。通过网络销售的山药,不仅销量好,收益高,而且名声越来越响。“丰县山药”获得国家地理标志证明商标,带动了王老家其他农产品的销售,实现了年电子商务销售额破千万。

丰县山药

目前,王老家村已建成农业科技产业园 2 800 亩,引进猕猴桃、葡萄、百合等进行栽培,亩产效益达 4 000 多元。同时,王老家村的大型农家乐——龙地庄园也被评为省三星级乡村旅游点。

刘尊龙被评为江苏省农村青年创业致富带头人、江苏省扶贫创业先进个人。

点赞英雄

“红旗飘起来，喇叭响起来，支部强起来，创业火起来。”刘尊龙带领王老家村支部，喊出了这样振奋人心的口号。他带领全村乡亲脱贫致富，博得了全体村民的一致称赞：有这样的好干部作为全村的领头雁，我们一起腾飞啊！

2. 农民致富的“金元宝”

2011年8月，作为省选大学生村官，郝大宝来到江苏省东海县双店镇北沟村，担任主任助理一职。为尽快融入村里，郝大宝每天挨家挨户走访花农，向花农们了解存在的问题。针对花农们反应的问题，郝大宝主动学习花卉种植技术，了解花卉市场信息行情，很快从一个对鲜花种植一无所知的大学毕业生成长为“资深”花农。

之后，郝大宝运用所学知识对花农们进行种球选育系列培训，获得了花农们的普遍好评，尤其是在改变以往种植单一品种，引进高端新品种上，为花农出谋划策，赢得了市场“卖点”。郝大宝给自己定下每天的小目标：每天要走访10个大棚，给鲜切花们看病，向花农们传递市场信息，引导他们使用新的技术。郝大宝摸索推广“百合种球冷冻催芽生根技术的应用”，使花球成活率和开花率提高了20%以上。

2011年底,初出茅庐的郝大宝开始小试牛刀,自筹资金6万元,租赁温室大棚两栋,种植百合切花两万余株。郝大宝辛勤地施肥、浇水、喷药治虫、掀帘盖棚……在棚内棚外一天到晚忙碌着。

2013年,通过第一批切花收入以及村干部贷款10万元,郝大宝在北沟村创立了示范基地。这个基地占地30亩,种植百合近12.5万株,3年间获纯利20多万元,为周边8个村民提供了就业岗位,带动周边100多户农户投入到切花百合种植,平均每户每年增加收入6万余元。

郝大宝(右)在田间大棚

接着,郝大宝创立了拥有300人的花象谷鲜切花种植专业合作社,号召花农们"捆成捆、抱成团,脱贫致富不再难",并推出了《百合种植指南》,供花农参考学习,大大提高了双店镇鲜切花的种植品质。目前,从事花卉种植的农户达2 000余人,年销售额2.5亿元,带动138户贫困户通过种植鲜切花走上了致富路。

北沟村有个姓范的残疾村民，一无技术，二无资金，家庭贫困。郝大宝主动与他结对帮扶，手把手提供技术帮扶，并协调6万低息贷款，从建造一个大棚开始，一步一个脚印，搭建鲜切花大棚4个。2017年，老范家种植的两个大棚的香水百合赶上了市场销售的“黄金档”，净赚12万元。老范逢人便说：“郝书记是俺的大恩人，是他给俺脱贫的机会、致富的能力。”

2017年7月间，郝大宝调任三铺村担任总支书。他问计于民，广泛聆听村民的呼声和要求，确立新的思路，采取一系列措施，继续帮助当地农民脱贫致富奔小康。

创业致富没有休止符，扶贫帮困行走在路上。8年多的农村实践，磨炼了郝大宝敢闯敢干、奋发有为的勇气和锐气，让他越来越喜欢自己的工作：“振兴乡村，责无旁贷，我愿意用不懈的努力真抓实干，力争把三铺鲜切花和蔬菜基地发展到2 000亩，实现经济薄弱村脱帽、贫困户全部脱贫的奋斗目标。”

郝大宝是这么说的，也是这么做的。

点赞英雄

在村民心目中，郝大宝既是一名“扶贫书记”“项目书记”，更是一位人见人爱的“好书记”。他扎根乡村一线8年多，精准帮扶、精准发力，激情播洒青春热血，给村民和贫困户送去了脱贫致富的“大元宝”。

3. 帮助大家共同致富

2009 年秋天,32 岁的年轻企业家葛剑锋当选为张家港善港村党支部书记。

上岗后,葛剑锋把家搬到了村委办公室。白天,他带着村干部在村子里转,寻找善港村贫困的病根;晚上,他坐在办公室里思索方案,困了就趴一会儿,几乎没睡过一个好觉。

为理清村里集体资产的账目,葛剑锋邀请专业经济师查清账目,规范合同;为解决大面积耕地撂荒问题,他反复找村民小组长、村民代表做工作,还自己带头领着村干部在田间劳作……

在超负荷的工作下,只用了一年时间,葛剑锋就把善港村带上了发展正轨,村里的糊涂账理清了,集体账目上也有钱了。慢慢地,大伙儿都知道善港村脱贫了,周边的经济薄弱村纷纷赶来取经,让葛剑锋帮着扶一把。

2012 年,善港村与同为“难兄难弟”的周边村子“四村合一”,葛剑锋任党委书记,他肩上的担子更重了。

如何将这 4 块“边角料”缝补出一件“新衣服”? 凭借企业家独有的经营理念,葛剑锋为善港村制订了“宜工则工、宜农则农、宜副则副、宜商则商”的发展计划,全身心地投入到村子建设中。

常年不分昼夜地工作,年轻的葛剑锋终究没有顶住病魔的折磨,被确诊为肾损伤。医生说,他病得很严重,必须立刻停下手中的工作,安心静养。

“老百姓还没有富起来,我怎么能休息?”葛剑锋一边治病,一边工作。在病房里,他常常一手插着针管,一手修改方案。

2013 年,葛剑锋萌生了在村里开设有机农场的想法。“想法虽好,但村里一没技术,二没资金,落实起来很困难。”葛剑锋请来了专家、争取到资金。为请来著名农业专家赵亚夫,葛剑锋拖着积劳成疾的病躯,“三顾茅庐”;为筹集资金,他四处奔走,最终争取到国家财政项目补助 600 万元,建成冬暖式大棚 160 多个。

资金和技术解决了,人手又成了新问题。葛剑锋不顾医生劝阻,带着村里党员干部下地干活儿。“大冬天,他脱得只剩一件衬衣,带头在田里挥着锄头,一双脚都被泥碴子淹没了。”村民们被震撼了,纷纷叫上左邻右舍,拿起农具,与葛剑锋一起干。

葛剑锋(右)在田头

实践证明,有机农场带来的效益非常可观。善港村出产的越光大米、无花果冻果、金瓜等产品,成了市场上的抢手货,全村200多闲散劳动力也在村办农场实现了就业。

经过几年的苦心经营,如今的善港村已累计集聚各类企业147家,建成9个特色农业基地。2017年,善港村实现了全年开票收入超20亿元,村级可用财力达到了2 500万元。

如今的善港村,村强、民富、景美、风正、人和,家家户户住着两层别墅,人均年收入3.5万元以上,成了后进村脱贫致富的典型。

2018年5月,葛剑锋又多了一个新身份:教师。葛剑锋讲述着一个又一个脱贫事例,教授了一种又一种致富方法。他常常被乡亲们围住,为大家"把脉诊断"……

点赞英雄

在一些人看来,葛剑锋早已是亿万富翁,家庭幸福,吃穿不愁。扎根农村,走上扶贫之路,是自讨苦吃;为别人累坏了身子,更不值得。葛剑锋则回答:"我是一名共产党员,老百姓富了,幸福了,我就值了!"

4. 白衣使者　健康扶贫

付宝鼎,江苏省扬州市广陵区头桥社区卫生服务中心党支部书记、医生。20多年来,付宝鼎每年出诊百余次。

村舍农户间，留下了他忙碌的脚印，也留下了老百姓对他的赞许："他是我们的'省钱大夫'，是我们的贴心人。"

付宝鼎是名外科医生，1995 年来到偏远的头桥卫生院。当时条件落后，他有过离开的念头。一次出诊，患者说了一句话："头桥地方偏，外人都不愿意来，如果付大夫你走了，就再也没有好医生给老百姓看病了。"这句话点醒了付宝鼎：一个医生不光要有抱负，更要有责任感，守护一方百姓健康，就是他的责任。

无论白天黑夜，在门诊病房、无影灯下、危重病人的抢救现场，总能看到付宝鼎忙碌的身影。女儿患高热惊厥被紧急送到医院，他不在现场，而是在手术室为病人动手术；母亲因食道病变动手术，他不在现场，而是在忙着抢救病人。付宝鼎说："我是爸爸，是儿子，但也是一名医生，有时就得把看病救人放在前面。"

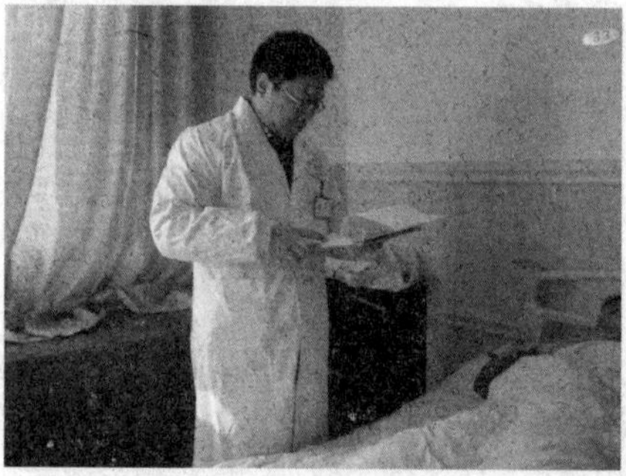

付宝鼎在病房

很多乡邻喜欢把付宝鼎称作"省钱大夫"，因为他看病时时为困难病人着想，低价药能治的，绝不用贵药。遇到家境困难的病人，总是尽量为患者减免相关费用，减轻患者负担。

作为头桥社区卫生服务中心的党支部书记，付宝鼎这些年一直致力于汇聚更多力量参与到守护百姓健康的队伍中。他率领中心医务人员成立了一支绿马甲家庭医生志愿服务队,分成9个小分队,走村入户,开展医疗帮扶等服务。

付宝鼎在做慢性病随访时,发现不少患者因为血压、血糖控制不到位,引发了并发症,有的甚至双目失明,有的患上尿毒症,有的甚至一个家庭好几个人同时患病,加重了这个家庭的经济负担。

看到这种情况,付宝鼎带头成立了健康扶贫基金会,全院职工共同捐款,筹集到了第一笔资金,专门用于头桥因病致贫、因病返贫的16户贫困家庭。

基金会成立以来,付宝鼎和志愿者团队每月为他们免费上门送医送药,测量血糖、血压,并进行健康指导。付宝鼎说:“希望通过这种精准健康扶贫,解决患者治疗的后顾之忧,让他们的健康得到保障。”

“我们是基层医院,就是在平凡的岗位上做平凡的事情,守护一方老百姓的健康。”在付宝鼎看来,基层医生就是百姓的健康守护人,帮助一个患者就是帮助一个家庭。患者健康了,这个家庭才能安定。在守护一方百姓健康的路上,付宝鼎身边已经聚拢了一大批志同道合者。目前,已有50多个爱心企业和个人为健康扶贫基金会捐款。

点赞英雄

付宝鼎荣登中国好人榜,评为“全国最美医生”、2019年江苏省优秀共产党员。老百姓都说:“付大夫虽然名气大了,可人一点儿也没变,依旧是咱们的贴心人!”

5. 致富的“领路人”

马秀云，1997 年毕业于南京师范大学。毕业后，她怀着为老家乡亲做点儿实事的朴素追求，放弃在城市工作的机会，常年扎根贫困山区，奋斗在扶贫一线。

2013 年，马秀云任连云港市赣榆区黑林镇镇长。适逢江苏沃田集团筹备上市，急需扩大蓝莓种植规模，却没有多余的土地，马秀云敏锐地意识到这是黑林镇难得的发展机遇。在镇党委支持下，马秀云负责项目建设，全力以赴开展客商对接、协调服务工作。

镇里没有用地指标，马秀云就带领国土人员上县、到市、进省汇报争取。半年时间，走完程序，补齐手续，终于使 2 000 亩土地获批准用于扩大蓝莓种植面积，将 1 000 亩土地作为项目深入发展的预留地。

马秀云作风务实、服务真诚，深深打动了沃田公司，坚定了在黑林镇发展壮大的信心。近 8 年时间里，沃田累计投资达 3.5 亿元，相继建成蓝莓研发、冷藏、分选及深加工中心，成为全国单体种植规模最大、唯一蓝莓全产业链新三板的上市公司。目前的沃田公司，年销售额已达 3 亿元，利税达5 000 万元。

黑林镇地处北纬 35°，有着无可替代的区位优势。猕猴桃广阔的项目前景，以及马秀云作为镇党委书记的良好口碑，吸引了多家实力雄厚的公司前来实地考察。

连云港红果林公司出资 1 200 万元，将猕猴桃基地全